자연에서 힌트를 얻어
지구를 건강하게 되살리는 생체 모방 이야기

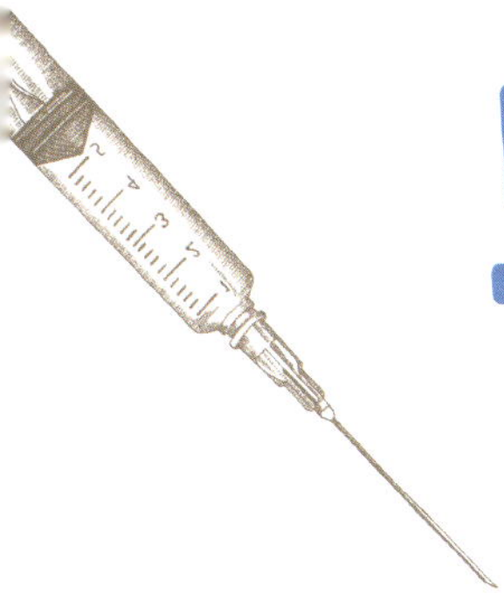

모기 침을 닮은 주삿바늘은 왜 안 아플까?

글 메건 클렌대넌·킴 라이얼 울콕 | 옮김 현혜진

초록개구리

더불어 사는 지구는 우리가 세계 여러 나라 사람들과 함께 이 지구에서 더불어 잘 살기 위해 생각해 보아야 할 환경과 생태, 그리고 평화 등의 주제를 다루는 시리즈입니다.

Design Like Nature: Biomimicry for a Healthy Planet

Copyright © 2021 Kim Ryall Woolcock & Megan Clendenan
First published in English by Orca Book Publishers Ltd., in 2021
Korean translation copyright © 2021 Green Frog Publishing Co.
Published by arrangement with Orca Book Publishers, Victoria, Canada
and Orange Agency, Gyeonggi-do, Korea
All rights reserved. No part of this publication may be reproduced,
stored in a retrieval system, or transmitted in any form or by any means,
electronic, mechanical, photocopying, sound recording or otherwise
without the prior written permission of Green Frog Publishing Co.

이 책의 한국어판 저작권은 오렌지에이전시를 통해 저작권사와 독점 계약한 초록개구리에 있습니다.
저작권법에 의해 한국 내에서 보호를 받는 저작물이므로 무단 전재와 복제를 금합니다.

▶ 몸에서 자연스레 나오는 빛으로 여름밤을 아름답게 밝히는 반딧불이.
아무것도 낭비하거나 오염시키지 않는 자연의 방식은 신비롭기만 하다.

차례

들어가는 말 | 모든 비결은 자연에 있다! • 6

1장 발명품이 넘쳐난다

생체 모방이란? • 10
나뭇가지 칫솔과 아마포 갑옷 • 12
보라색, 황제의 색에서 모두의 색으로 • 14
나일론, 전쟁을 승리로 이끌다 • 16
석유와 버려진 플라스틱으로 만든 옷 • 17
기적의 원료일까, 아닐까? • 18
바나나가 우리 손에 오기까지 • 19
쌓여 가는 쓰레기 • 21
사막에 잔디밭이 필요할까? • 21

2장 진짜 천재는 자연이다

자연은 어떻게 일할까? • 24
스스로 조립하는 물질 • 27
산우엉 가시를 본뜬 찍찍이 • 29
녹색 화학이란? • 30
자연 속 패턴을 활용해 봐! • 32
뇌 없이도 잘한다 • 35
흙과 나무, 세균은 뛰어난 청소부 • 36
이제는 자연의 비법을 배울 때! • 38

3장 자연에서 답을 얻다

자연아, 너라면 어떻게 할래? • 40
새 부리를 본뜬 총알 열차 • 41
모기 침을 닮은 주삿바늘 • 42
물곰에게 배운 당분 코팅법 • 43
상어 피부를 본뜬 세균 막는 필름 • 45
밝기를 더해 주는 반딧불이 코팅제 • 46
어디든 척척 달라붙는 게코 테이프 • 47
딱정벌레처럼 물을 모으자! • 48
인공 거미줄로 만든 실을 만들자! • 49
바퀴벌레 로봇 구조대 • 50
고양이 뇌를 본뜬 슈퍼컴퓨터 • 52
독성 물질이 없는 해조류 건전지 • 53

4장 지속 가능한 지구를 이루어 가는 사람들

앞을 내다보기 위해 뒤를 돌아보다 • 56
달걀 껍데기와 박테리아로 친환경 건축을! • 58
살아 숨 쉬는 빌딩 숲 • 60
동물들이 가르쳐 준 냉장법 • 62
미생물로 옷을 염색한다고? • 64
물고기 떼를 닮은 풍력 발전 단지 • 65
자연을 보고, 배우고, 발명하라! • 66
생체 모방으로 지구를 되살리자! • 70

Slender, tapering cone, heavily resinous

사진 저작권 목록 • 72

모든 비결은 자연에 있다!

▲ 조개껍데기는 무척 단단할 뿐만 아니라 크기와 생김새, 빛깔이 우리 상상을 뛰어넘을 만큼 다양하다.

조개껍데기를 들여다보면, 그 섬세한 무늬가 어떻게 그토록 단단할 수 있는지 놀라게 된다. 또한 구름에 닿을 듯 높이 자란 나무 아래 누우면, 그 나무가 어떻게 세찬 바람을 견뎌 내는지 궁금해진다. 자연을 관찰할수록 그 뛰어난 설계 방식에 감탄하게 된다.

인간도 설계하는 걸 무척 좋아한다. 거대한 도시를 세우고, 다양한 화학 물질을 개발하고, 수많은 전자 제품과 플라스틱 물건을 만든다. 하지만 인간의 설계 방식은 기후 변화를 가져오고 쓰레기도 어마어마하게 만들어 내고 있다.

만약 인간이 자연처럼 설계하는 방법을 배운다면 어떨까? 바다 생물이 제 껍데기를 만들 듯, 우리도 집을 짓는다면? 화학 물질 대신 미생물로 옷을 염색한다면? 또 전기 대신 발광 박테리아를 이용해서 불을 밝힌다면 어떨까?

미국의 생물학자이자 생체모방협회를 공동 설립한 재닌 베니어스는

▲ 자연 속에서 캠핑을 즐기는 글쓴이 메건 클렌대넌. 여섯 달 동안 캠핑을 하면서, 해가 뜨면 일어나고 어두워지면 잠자리에 들었다. 물 한 방울도 허투루 쓰지 않고 자연의 주기에 따라 생활했지만, 가끔은 따뜻한 방과 먹음직스러운 피자가 그립긴 했다!

'지속 가능한 세상을 만드는 비결은 모두 우리 가까이에 있다'고 말한다.

자연 속에 숨어 있는 그 비결을 찾아서 우리 삶에 적용하기 위해 오늘도 세계 곳곳에서 수많은 사람들이 연구를 거듭하고 있다. 어떤 일들이 벌어지고 있는지 함께 알아보도록 하자.

▲ 숲속 샤워장에 서 있는 글쓴이 킴 라이얼 울콕. 집을 짓는 동안 샤워장을 임시로 바깥에 설치했더니, 청개구리들이 놀러 와 축축한 수건에 기대기도 하고, 함께 샤워를 하기도 했다.

▲ 자연과 오래도록 조화롭게 살아갈 방법은 자연에 있다.

1장 발명품이 넘쳐난다

인류는 자연 속에서 살아남기 위해 놀라운 도구와 물건 들을 만들어 냈다. 덕분에 인간의 삶은 나날이 안전해지고 편리해졌지만, 심각한 문제도 생겨났다. 이 장에서는 인간의 무분별한 행위가 어떠한 문제를 불러왔는지, 앞으로는 어떤 길로 나아가야 좋을지 함께 살펴보자.

생체 모방이란?

'생체 모방'은 인류의 문제를 해결하고 지구를 보호하기 위해, 자연의 방식을 배우고 따라 하는 것을 일컫는 과학 용어다. 생체는 '생물의 몸', 모방은 '흉내 낸다'는 뜻으로, 두 말이 합쳐져 '자연과 생물을 모방하는 기술'이란 뜻의 새로운 용어가 탄생했다.

가장 큰 포유류에서부터 가장 작은 박테리아에 이르는 모든 생물은 오랜 세월 동안 지구의 자연적 순환에 따라 살아가는 방법을 터득했다. 자연은 오로지 햇빛과 물로 움직인다. 반면에 인간은 화석 연료와 독성 화학 물질을 사용한다. 자연은 버리는 게 하나도 없지만, 인간은 지구 곳곳에 엄청난 쓰레기를 남긴다. 한 가지 좋은 소식은, 이런 방식을 바꾸려는 사람들이 있다는 것이다. 바꾸려 마음을 먹으면 문제를 해결할 방

▲ 나뭇잎 하나에도 우리가 배우고 생활에 이용할 만한 많은 것들이 담겨 있다.

▲ 요즘에는 아이들도 자연과 더불어 사는 방법을 연구하는 일에 동참하고 있다.

법이 보인다. 우리가 할 일은 자연에서 그 방법을 찾는 것이다. 주위에서 흔히 볼 수 있는 나뭇잎을 예로 들어 보자. 나뭇잎은 태양으로부터 성장 에너지를 얻는다. 잎의 구조를 자세히 살펴보면 에너지를 얻는 방법에 대해 배울 수 있을 것이다. 그렇게 얻은 지식을 더 발전시키면 우리 일상에서 필요한 곳에 맞추어 쓸 수 있다. 효율 높은 태양 전지판 같은 새로운 도구를 만들 수도 있다. 지금 이 순간에도 수많은 과학자들이 이런 방식으로 연구를 하고 있다.

독성이 덜한 접착제를 만들거나 더 멋진 색을 내는 염색법을 알

고 싶은가? 그렇다면 자연이야말로 훌륭한 선생님이 되어 줄 것이다. 오늘날 많은 기술자와 디자이너, 건축가, 과학자가 자연에서 문제를 해결할 방법을 찾고 있는데, 이들이 하려는 것이 바로 '생체 모방'이다.

인간은 발명을 무척 좋아한다. 실제로 놀라운 것들을 많이 만들어 냈고, 덕분에 우리 삶은 더욱 편리해졌다. 이제 자동차와 컴퓨터 없는 세상은 상상도 할 수 없다. 하지만 우리가 만든 것들이 기후를 바꾸고 세상을 오염시켜 버렸다.

자연의 설계 방법을 배우기에 앞서, 인류가 어떻게 주변 재료를 사용해 환경에 적응했는지, 더 나아가 어떻게 앞날은 생각도 않고 자원을 함부로 쓰기에 이르렀는지 살펴보자. 그리고 새로운 과학 기술과 재료들의 폭발적 증가가 세상을 어떻게 변화시켰는지도 알아보자. 과연 세상은 더 좋아졌을까, 아니면 더 나빠졌을까?

나뭇가지 칫솔과 아마포 갑옷

돌처럼 딱딱해진 나무 수액 덩어리로 공놀이를 하거나, 직접 기른 재료로 티셔츠를 만들고, 뭉개진 곤충으로 염색을 하는 것을 상상할 수 있는가?

인류는 수십만 년 전부터 각종 도구와 옷, 집을 끊임없이 만들어 왔다. 불과 수백 년 전만 해도 모든 재료는 돌과 뼈, 나무, 동식물, 곤충 같은 천연 물질이었다. 옷은 목화솜이나 양털, 아마 섬유, 또는 동물 가죽으로만 만들었다. 색은 대부분 회색이나 갈색, 미색이었다.

단추는 조개껍데기나 금속으로 만들었는데, 워낙 비싸서 돈이 많은 사람만 옷에 단추를 달 수 있었다. 옛날에는 플라스틱 칫솔도 없었다. 대신 끝이 솔처럼 생긴 나뭇가지나, 자루 부분에 작은 구멍들을 뚫어 그 속에 멧돼지 털을 촘촘히 박아 넣은 나무 막대기를 칫솔로 썼다.

▲ 캐나다 원주민들이 예로부터 칫솔로 사용한 식물 '속새'.

'갑옷' 하면, 으레 금속이나 작은 쇠사슬로 만든 옷이 떠오를 것이다. 하지만 고대 그리스인들은 천으로 된 갑옷을 입었다! 그들은 우선 아마 섬유로 얇은 아마포를 만들었다. 그런 다음 토끼 가죽으로 만든 접착제로 아마포 30장을 겹쳐 붙였다. 그렇게 완성된 갑옷은 가볍고 편안하면서도 화살을 모조리 막아 냈다. 오늘날 연구자들은 이 고대 갑옷의 복제품을 만들어 직접 시험해 보고 나서야, 화살이 날아올 때 입을 만하다는 사실을 믿게 되었다.

▲ 고대 그리스인들의 천 갑옷을 시험해 본 결과, 화살 대부분이 튕겨 나갔고 몇 개가 살짝 박혔다.

보라색, 황제의 색에서 모두의 색으로

그런데 천연 재료들은 한계가 있다. 쉽게 닳아 없어지기도 하고 곰팡이가 생기기도 한다. 너무 무겁거나 고약한 냄새를 풍기거나 다루기 힘든 경우도 많다. 또 큰 도시는커녕 작은 마을 하나가 사용할 만큼의 양도 얻기 어렵다.

염료를 예로 들어 보자. 우리는 옷 가게에 가서 원하는 색깔의 셔츠를 고르고 살 수 있는 걸 매우 당연하게 여긴다. 하지만 인류는 오랫동안 식물 뿌리나 열매, 껍질, 나뭇잎으로 옷을 염색하거나 아예 염색하지 않았다. 그래서 옷들이 요즘처럼 화려하지 않았다. 특히 보라색 염료는 만들기가 너무 힘들어서 왕족만 보라색 옷을 입을 수 있었다. 요새는 보라색 옷도 다른 색상의 옷처럼 구하기 쉽고 비싸지도 않지만 말이다.

로마 시대에는 황제만 보라색 옷을 입었다. 보라색 염료는 뿔고둥에게서 얻었는데, 옷을 물들이려면 수천 마리를 모아야 했다. 사람들은 그 많은 뿔고둥의 껍데기를 모두 깨뜨리고 안쪽의 점액을 짜낸 뒤, 점액이 보라색으로 변할 때까지 햇볕에 두었다. 이때 딱 적당한 시간 동안만 둬야지, 너무 오래 놔두면 짙은 빨간색으로 변했다. 점액의 색깔이 변할 때는 지독한 냄새도 났다.

▲ 뿔고둥으로 만든 보라색 염료는 금보다 더 귀했다.

▲ 페루 친체로에 사는 한 여성이 깍지벌레와 나뭇잎, 꽃을 으깨서 만든 염료에 직접 짠 털실을 물들이고 있다.

그러다가 1856년에 중요한 사건이 일어났다. 당시 영국의 화학자 윌리엄 퍼킨은 말라리아 전염병을 퇴치할 약을 만드는 중이었다. 그런데 실수로 걸쭉한 검은 액체를 만들었고, 그것이 천을 선명한 보랏빛으로 물들이는 것을 발견했다. 이제 뿔고둥은 필요 없어졌다! 퍼킨은 공장을 지어 염료를 잔뜩 만들었다. 그때부터 보라색 옷은 더 이상 왕족만의 옷이 아니었다.

이거 알아?

옛사람들은 천연염료가 잘 스며들게 하려고 냄새나는 오줌에 옷감을 담그기도 했다!

▲ 나일론 덕분에 전 세계 모험가들은 하늘 높이 날 수 있다.

나일론, 전쟁을 승리로 이끌다

나일론은 옷부터 칫솔까지 거의 모든 물건을 만들 수 있는 합성 섬유다. 1939년 뉴욕 세계 박람회에 나일론이 등장하면서 세상은 바뀌었다. 1940년대에는 많은 나라가 제2차 세계 대전에 뛰어들었다. 전쟁 물자가 한창 필요한 시기에 때마침 나일론을 비롯한 합성 플라스틱 물질이 개발되었다. 이러한 물질은 가벼운 비행기 부품이나 헬멧, 연료 탱크, 방탄조끼를 만드는 데 사용되었다. 오늘날 나일론은 세상 어디에나 있다. 미국 듀폰 사가 개발한 '케블러'라는 섬유는 나일론과 비슷한 초강력 합성 재료로 방탄조끼, 타이어, 자전거 자물쇠 같은 물건을 만들 때 사용된다.

나일론은 낙하산 재료로 사용되기도 했다. 1942년에 미국의 '에

들라인 그레이'라는 여성 스카이다이버가 맨 처음 나일론 낙하산을 사용했다. 제2차 세계 대전이 일어나기 전만 해도 낙하산의 재료는 실크였고, 대부분을 일본에서 들여왔다. 하지만 미국과 일본 사이에 전쟁이 벌어지면서 미국은 더는 실크를 이용할 수 없었다. 그때 나일론이 힘을 보탰다. 미국이 속한 연합군에게 나일론은 그야말로 '전쟁을 승리로 이끈 섬유'였다.

▲ 예전에는 양털이나 고무, 심지어 지푸라기 같은 재료를 사용해서 비를 막았다. 요즘 비옷은 합성 섬유로 만들어서 가볍고 빨리 마른다. 비옷을 입고 물웅덩이에서 마음껏 놀 수 있다!

석유와 버려진 플라스틱으로 만든 옷

우리가 사용하는 옷과 신발, 외투 대부분이 석유로 만들어진다는 사실, 혹시 알고 있는가? 비옷이나 쭉쭉 잘 늘어나는 운동복, 러닝화는 모두 폴리에스테르로 만들어진다. 나일론처럼 폴리에스테르도 석탄, 물, 석유를 이용해 실험실에서 만든 재료다. 뿐만 아니라 못 쓰게 된 플라스틱으로도 옷을 만들 수 있다. 양털같이 부드러운 플리스 섬유는 깨끗한 플라스틱 생수통을 재활용해서 만든다. 생수통을 녹여 실을 만들어 짜면 포근한 옷감이 된다.

이거 알아?

우유로도 플라스틱을 만들 수 있다! 1553년부터 영국을 다스린 메리 여왕은 '카제인 플라스틱'이라는 우유 플라스틱으로 만든 보석을 달고 다녔다.

▲ 오늘날 작은 플라스틱 조각은 어디에나 있다. 지름이 5밀리미터보다 작은 것을 '미세 플라스틱'이라 부르는데, 이런 물질이 합성 섬유를 세탁하는 도중에 떨어져 나와 물이나 음식에도 섞여 들어간다.

기적의 원료일까, 아닐까?

모두가 알다시피, 플라스틱은 아주 유용한 물질이다. 튼튼하고 가벼운 데다, 물도 스미지 않고 필요에 따라 쭉쭉 늘릴 수도 있으니 말이다. 게다가 만들기도 쉽고 값도 싸기 때문에 원하는 만큼 제조할 수 있다. 옛날에는 자연에서 사냥이나 채취를 통해서만 재료를 얻을 수 있었기 때문에 마음껏 쓸 수 없었다. 그러나 오늘날 우리는 해마다 약 3억 5,000만 톤의 플라스틱을 생산한다.

합성 섬유를 포함한 모든 종류의 플라스틱은 사용이 쉽고 편리하다. 하지만 심각한 문제를 일으키는데, 바로 폐기물로 인한 환경 오염이다. 플라스틱은 대부분 한 번 사용되고 쓰레기통에 버려진다. 버려진 플라스틱은 오랫동안 자연에 분해되지 않은 채로 남는다.

플라스틱 빨대를 생각해 보자. 빨대를 사용하는 시간은 고작 10분 남짓

나도 한번 해 볼까?

집 안을 둘러보면 거의 모든 물건이 플라스틱으로 만들어졌다는 걸 알 수 있다. 텔레비전과 컴퓨터, 냉장고, 세탁기, 욕실의 헤어드라이어까지 거의 모든 전자 제품이 플라스틱으로 되어 있다. 왜냐하면 플라스틱은 전기가 흐르지 않고 높은 열을 견딜 수 있기 때문이다. 그래서 감전이나 화재를 막아 주는 물질이기도 하다.

자, 이제 주위를 둘러보자. 그리고 자연 재료로 만든 물건은 무엇인지, 또 플라스틱 같은 합성 물질로 만든 물건은 무엇인지 찾아보자.

이지만 분해되는 데는 500년 넘게 걸린다. 1980년대부터 널리 사용된 비닐봉지는 현재 1년에 1조 개가 생산되는데, 이것 또한 수백 년 동안 썩지 않는다. 합성 섬유 역시 마찬가지다. 적어도 20년에서 길게는 200년 동안 자연에서 분해되지 않는다. 여러분이 더 이상 입지 않는 폴리에스테르 스웨터도 한 번 쓰고 버린 비닐봉지와 함께 매립지로 보내져 오랫동안 남아 있게 될 것이다.

> **이거 알아?**
> 미국 하와이에 있는 몇몇 바닷가의 모래를 조사해 본 결과, 15퍼센트가 미세 플라스틱인 것으로 밝혀졌다.

바나나가 우리 손에 오기까지

냉장고가 등장하기 전에 사람들은 온갖 기발한 방법으로 먹을 것을 저장했다. 지하 저장고, 창 밖 화분, 심지어 근처 개울이나 우물 속 지하수에 식품을 보관했다. 또 소금과 식초에 절이거나 연기로 익히고 말려 겨우내 두고두고 먹었다. 이따금 채소를 크리스마스 양말처럼 난롯가에 매달아 말리기도 했다.

냉장고와 냉장 트럭이 발명되자, 세계 곳곳의 식료품점에 비행기나 트럭으로 운반된 제철 아닌 식품들이 넘쳐났다. 우리가 흔히 먹는 간식을 떠올려 보자. 우리는 아무 때나 슈퍼에 가서 손쉽게 딸기나 바나나를 사 먹는다. 계절과 상관없이 언제든 신선한 과일을 먹을 수 있다는 건 기쁜 일이지만, 그렇게 되기까지 그 과일들은 수천 킬로미터를 이동해야 했다. 에콰도르나 멕시코 같은 나라에서 생산된 바나나는 지구를 반 바퀴나 돌아서 우리 곁에

▲ 환경을 보호하기 위해서 직접 채소를 기르고, 그것을 냉장고가 아닌 자연의 방식으로 보관하고 저장하는 사람들도 있다.

온다. 이처럼 외국의 먹을거리가 우리 동네 식료품점에 도착하려면 수천, 수만 킬로미터를 여행해야 한다.

냉장고와 냉장 트럭은 우유와 채소를 신선하게 유지해 주지만, 지구 환경에는 나쁜 영향을 끼친다. 독성 화학 물질을 포함하고 있을 뿐 아니라 온실가스를 내뿜어 지구를 뜨겁게 만들기 때문이다. 그리고 고장 나거나 낡으면 버려야 하는데, 자연스레 분해될 리가 없으니 그 또한 커다란 골칫거리다.

자연이 들려주는 이야기

'개척자의 날*'이면, 글쓴이 킴의 아들 테오는 그 옛날 개척자가 쌌을 법한 도시락을 학교에 가져가야 한다. 가게에서 산 초코바도, 보온 용기에 담긴 뜨끈뜨끈한 치킨너깃도, 비닐봉지에 담긴 건포도도 안 된다. 심지어 바나나나 오렌지도 안 된다. 그런 과일은 아주 먼 곳에서 오기 때문이다. 대신에 테오는 껍질째 구운 감자와 빵 한 개, 치즈 한 덩어리를 가져간다. 이때 비닐봉지 대신 밀랍을 녹여 천에 스며들게 한 밀랍 랩에 싸 간다. 학생들은 학교에서 유리병에 휘핑크림을 넣고 흔들어 버터를 만든다. 사실 테오는 개척자의 날에 먹는 도시락을 무척 좋아한다. 우리 모두가 다시 이렇게 먹는다면, 지구에 얼마나 이로울까!

*1847년 7월 24일. 미국에서 처음 시작된 개신교의 한 교파인 모르몬교 신도들이 미국 동부에서 벌어진 종교 박해 때문에 종교의 자유를 찾아 서부로 떠나 현재의 솔트레이크시티에 정착하게 된 날.

쌓여 가는 쓰레기

우리가 내다 버린 물건은 어떻게 될까? 연기처럼 사라지게 되는 걸까? 아니다. 낡은 냉장고도 폴리에스테르 스웨터도 비닐봉지도 결국은 매립지에 있을 뿐이다. 쓰레기는 그곳에 쌓여 갈 뿐, 좀처럼 없어지지 않는다.

우리가 버린 물건들은 매립지에 쌓일 뿐 아니라 또 다른 큰 문제도 일으킨다. 휴대 전화나 컴퓨터를 예로 들어 보자. 우리가 깨끗하다고 생각하며 날마다 사용하는 물건들이지만, 이것들은 사실 희귀한 독성 물질들로 만들어진다. 이런 기기들이 나중에 버려지면 안에서 나쁜 물질이 흘러나와 땅과 물에 스며들어 사람과 환경을 해치게 된다. 그런데도 해마다 전 세계에서 5,500만 톤의 가전제품이 버려지고 있다. 이것은 에펠탑 5,500개의 무게와 맞먹는 정도다!

▲ 휴대 전화 속에 들어 있는 위험한 희귀 물질은 분리해 내기가 까다롭다. 버려지는 휴대 전화에서 이런 위험한 물질이 흘러나와 환경을 해친다.

사막에 잔디밭이 필요할까?

새는 놀라운 생물이다. 절벽에 구멍을 뚫어 보금자리를 만드는가 하면, 진흙이나 나뭇가지로도 둥지를 짓는다. 새들은 주로 가까운 곳에 있는 나무나 식물에서 필요한 재료를 얻는다. 그렇다면 인간은 어떨까? 인간은 주변 환경과 협력하기는커녕 제멋대로

▲ 새들은 자연에서 얻은 재료만으로도 아주 튼튼하고 멋진 집을 짓는다.

바꿔 버리기 일쑤다.

그런데 환경을 맘대로 바꾸려면 엄청난 에너지가 필요하다. 미국 네바다주의 사막 도시 라스베이거스에는 한 해 동안 비가 겨우 115밀리미터만 내린다. 그래서 그곳 사람들은 48킬로미터 떨어진 호수에서 물을 끌어다 쓴다. 물이 이동하는 길 중간에는 언덕까지 있다.

만약 커다란 물통을 들어 본 적이 있다면, 물이 얼마나 무거운지 알 것이다. 사람들은 거대한 펌프로 엄청난 양의 물을 끌어올려 도시로 옮긴다. 펌프를 움직이는 데만 해마다 3,800만 달러어치(우리 돈으로 약 444억 2,200만 원)의 전기가 필요하다. 그렇게 힘들게 운반된 물의 일부는 잔디밭을 푸르게 가꾸는 데 사용된다. 그런데 한번 생각해 보자. 사막에 과연 잔디밭이 필요할까? 잔디밭 대신 선인장 정원을 만드는 편이 훨씬 낫지 않을까?

2장
진짜 천재는 자연이다

'발명가'나 '기술자'라고 하면, 곤충 같은 생물보다는 인간을 떠올리게 된다. 하지만 자연 속 생물과 물질의 능력은 때때로 인간의 한계를 훌쩍 뛰어넘는다. 이 장에서는 자연이 일하는 독특하고 놀라운 방식을 알아보고, 우리가 무엇을 배우고 적용할 수 있을지 함께 생각해 보자.

자연은 어떻게 일할까?

환경은 늘 변화한다. 봄이면 나무에 새잎이 돋아나고, 가을이 되면 그 잎이 모두 떨어진다. 그런데 나무는 떨어진 잎을 쓰레기통에 버리거나 재활용 센터로 가져갈 필요가 없다. 그냥 그대로 두기만 하면 된다. 그러면 흙 속에 있던 곤충과 곰팡이, 세균 들이 떨어진 잎을 먹고 분해해 영양 많은 새 흙으로 만들어 준다. 나무는 그 흙에서 영양분을 흡수해 다시 새잎을 만든다. 이와 같이 자연도 인간처럼 늘 에너지를 사용해서 뭔가를 짓고 쓰레기를 만든다. 자연은 수십억 년 동안 이러한 활동을 해 왔다. 그런데 자연의 방식은 어떠한 문제도 일으키지 않는다. 오늘날 우리가 불러온 여러 문제를

▲ 작은멋쟁이나비의 날개 비늘은 하나하나가 모두 다른 색깔로 되어 있다.

▲ 정원과 텃밭을 가꾸면 식물이 자라는 과정을 눈으로 확인하고 광합성이 일어나는 광경도 관찰할 수 있다.

해결하려면, 자연의 방식을 관찰하고 배우는 생체 모방이 필요하다.

자연은 햇빛으로 움직인다

햇빛을 받으면 몸이 따뜻해진다. 별것 아닌 것처럼 보이는 이 태양 에너지는 무척 강력해서, 지구의 모든 생명체를 먹여 살린다.

햇빛이 식물의 잎에 닿으면, 식물은 거기서 에너지를 얻는다. 그리고 그 힘으로 이산화탄소와 물을 결합시켜 포도당으로 만든다. 이 과정을 '광합성'이라고 부른다.

식물은 광합성을 통해 만들어진 포도당을 먹고 자

이거 알아?

나비의 날개 비늘은 빛을 반사하도록 만들어져 있다. 그 덕분에 염료나 색소 없이도 찬란한 빛깔을 내는 것이다.

라난다. 이 식물은 초식 동물의 먹이가 되고, 초식 동물은 육식 동물의 먹이가 된다. 인간은 화석 연료를 사용해 지구를 오염시키고 기후 변화를 일으키는데, 자연은 바닥나지도 않고 오염을 일으키지도 않는 에너지원으로 움직인다.

자연은 뛰어난 재료를 사용한다

'발명가'나 '기술자'라고 하면, 곤충 같은 생물보다는 인간을 떠올리게 된다. 하지만 생물들이 만든 구조물과 재료는 인간이 만든 것보다 훨씬 뛰어나다.

감자칩 봉지를 예로 들어 보자. 화려한 디자인으로 장식된 봉지

▲ 사람들은 한때 거북의 등과 배를 싸고 있는 딱지로 머리빗을 만들었다. 딱지의 모양과 빛깔이 아름답고 튼튼하기 때문이다. 하지만 공예품에 쓰려고 너무 많은 거북을 죽여서, 지금은 많은 종류의 거북이 멸종 위기에 놓이고 말았다.

는 튼튼한 재질로 되어 있어서, 운반되는 동안 감자칩이 부서지지 않게 하고 세균과 물이 들어가지 않도록 해 준다. 이런 과자 봉지는 얼핏 한 겹으로 보이지만 실은 일곱 가지 포장재를 겹쳐서 만든다. 그리고 그 모든 과정은 공장에서 화학 물질을 사용하여 이뤄진다. 곤충도 이와 비슷한 것을 만든다. 하지만 인간보다 훨씬 나은 방식으로 만든다. 곤충은 '키틴질'이라는 물질 하나로 딱딱한 외골격을 만든다. 이 물질은 물이 스며들지 않고 공기도 잘 통하며 튼튼한 데다, 오래가고 아름답기까지 하다.

자연은 모든 것을 재활용한다

자연은 최고의 재활용 전문가다. 우리가 들이마시는 산소는 수십억 년 전부터 지구를 돌고 있는 산소 분자 그대로의 것이다. 그러니까 지금 우리 폐 속에 있는 공기 일부는 수백 년 전 공룡이 들이마신 그 공기일 수도 있다. 산소뿐만 아니라 음식 속 탄소와 식물 속 질소를 포함한 모든 분자는 끝없이 지구에서 순환한다.

스스로 조립하는 물질

우리가 마실 것을 담는 머그잔은 놀랍게도 우주선과 비슷한 점이 있다. 둘 다 초강력 세라믹으로 만들어졌다는 것이다. 세라

▲ 먹고 남은 채소나 과일 껍질, 뿌리 같은 것을 퇴비로 만들면 흙으로 돌려보낼 수 있다.

▲ 전복 껍데기가 그토록 단단한 건 껍데기 안쪽의 영롱한 청록색 층 덕분이다.

▲ 개미들은 건축가나 설계도 하나 없이, 조금도 흐트러지지 않고 몸을 이어 물에 둥둥 떠 있는 뗏목이나 공중 다리를 만든다. 그러다가 쓸모가 없어지면 바로 흩어져서 뗏목이나 다리를 없앤다.

믹은 단단한 데다 높은 온도에서도 잘 견디는 터라, 오랫동안 집에 두고 사용할 머그잔이나 강렬한 태양열로부터 우주선을 보호할 외벽 타일을 만들기에 제격이다.

하지만 세라믹을 만들려면 어마어마한 에너지가 필요하다. 세라믹은 1,260℃에서 구워야 한다. 게다가 세라믹은 무척 단단한 반면에, 부서지거나 깨지기도 쉽다. 접시를 떨어뜨렸을 때를 떠올려 보면 쉽게 이해할 수 있을 것이다.

그런데 몇몇 생물은 좀처럼 깨어지지 않는 초강력 껍데기를 만든다. 공장이나 용광로도 없이 말이다. 그 비결은 무엇일까? 바로 겹겹이 쌓아 만든다는 것이다.

전복은 속살이 부드럽고 겉껍데기는 엄청 단단한 바다 달팽이류다. 전복은 껍데기를 만들기 위해 아주 미세한 결정체들이 섞인, 흐물흐물한 단백질 한 겹을 분비한다. 결정체들은 자석처럼 바닷속 광물질을 끌어당겨 껍데기를 단단하게 만든다. 전기적·화학적 인력 덕분에, 광물질들은 딱 맞붙어 초강력 껍데기를 만든다. 사람의 뼈와 치아 역시 이런 식으로 만들어진다.

오늘날 많은 과학자들이 스스로 모여 집합체를 이루는 '자기 조립 물질'을 연구하고 있다. 언젠가는 지붕에 뿌리기만 하면 스스로 빛을 끌어당겨 전기로 바꿔 주는 액체 태양 전지가 개발될지도 모른다.

산우엉 가시를 본뜬 찍찍이

흔히 '찍찍이'라 불리는 벨크로는 우리가 매일같이 사용하는 신발이나 외투, 배낭에 붙어 있다. 벨크로는 쉽게 떼거나 붙일 수 있고 끝없이 재사용할 수 있어 좋다.

우리 주변 어디서나 볼 수 있는 벨크로는 자연에서 힌트를 얻어 만들어졌다. 1941년 스위스의 전기 기술자이자 발명가 조르주 드 메스트랄은 알프스 산에 갔다가 집에 돌아왔다. 그런데 그의 옷과 반려견에게 까슬까슬한 산우엉 가시가 잔뜩 붙어 있었다. 그저 골치 아프게 됐다고 생각하고 말 수도 있었다. 하지만 호기심 많은 조르주는 가시가 달라붙은 옷과 반려견의 털을 현미경으로 관찰해 보았다. 가시의 갈고리들이 옷감의 고리 모양 올에 단단히 걸려 있고, 개의 털과 마구 엉켜 있는 것을 확인할 수 있었다.

▲ 개의 머리에 붙은 산우엉 열매. 확대해서 보면 갈고리 모양의 가시가 수없이 많다.

조르주는 그 모습에서 영감을 얻어 미세한 갈고리와 걸림 고리로 된 잠금 장치를 만들고, '벨크로'라는 이름을 붙였다. 벨크로는 프랑스어 '벨루어(벨벳)'와 '크로셰(갈고리)'를 합쳐서 만든 이름이다.

녹색 화학이란?

어린이용 화학 실험 키트에는 온갖 신기하고 재미난 실험을 해 볼 수 있는 재료들이 들어 있다. 그런데 실험 도구 외에도 장갑과 보호안경이 함께 들어 있는 경우가 많다. 왜냐하면 화학 실험에 쓰이는 물질 중에는 피부에 화상을 입히거나 눈에 염증을 일으킬 수 있는 것들이 있기 때문이다. 실제로 화학 실험을 하는 동안 크고 작은 사고가 일어나기도 한다.

자연이 들려주는 이야기

접착제는 쓸모가 많지만 물에 젖으면 제 기능을 발휘하지 못한다. 그런데 부둣가에 가면 홍합, 말미잘, 남색꽃갯지렁이 같은 해양 생물들이 물속 구조물에 딱 달라붙어 있는 모습을 볼 수 있다. 거세게 몰아치는 파도에도 끄떡없다. 어떻게 그럴 수 있을까?
이 해양 생물들은 '달라붙기'의 달인이어서 배 주인들은 배 밑바닥을 수시로 닦는다. 배 밑바닥에 아무것도 달라붙지 못하게 미끄러운 특수 페인트를 칠해도 효과는 신통치 않다. 여름이면 청소를 하고 며칠이 안 되어서 배 밑바닥이 조류로 뒤덮이는데, 그대로 놔두면 금세 홍합과 따개비가 달라붙는다.

하지만 모든 화학 반응이 위험한 것은 아니다. 혹시 반딧불이가 밤에 환히 빛나는 모습을 본 적 있는가? 이런 아름다운 광경도 화학 작용을 통해서 나타난다. 반딧불이의 몸속에 있는 무독성 화학 물질인 루시페린이 산소와 결합하면 '루시페라아제'라는 효소의 도움을 받아 산화하면서 빛을 낸다. 열이나 독성 쓰레기 없이 말이다. 이러한 자연 생태계의 화학 합성 방식을 따라 하는 것을 '녹색 화학'이라 부른다.

겨자가 매운 이유

겨자를 먹으면 코끝이 얼얼해질 만큼 톡 쏘는 매운맛을 느낄 수 있다. 사실 그 얼얼함은 음식 맛을 좋게 하기 위한 것이 아니다. 하나의 방어 수단이다. 겨자는 자기를 먹고 싶어 안달 난 곤충을 막기 위해 매운맛을 이용한다. 겨자는 이렇게 곤충을 물리치는 방충 화학 물질을 만드는데, 냄새가 너무 지독해서 자기 세포 안에 둘 수가 없다. 그랬다가는 자기 자신이 다칠 수 있다. 그렇다면 해결책은? 방충 화학 물질을 무해한 분자들로 분리한 다음, 두 개의 세포에 따로따로 저장하는 것이다. 곤충이 물면, 이 세포들이 터지고 그 속의 분자들이 서로 결합하면서 아주 강력한 방충 화학 물질이 만들어

▲ 우리는 핫도그에 겨자 소스를 즐겨 뿌려 먹지만, 겨자 특유의 얼얼함은 음식 맛을 좋게 하기 위한 것이 아니다.

▲ 다른 식물들과 마찬가지로 규조류는 태양으로부터 에너지를 얻는다. 이 작디작은 해양 생물이 지구 산소의 20~50퍼센트를 생산해 낸다.

진다. 과학자들은 이를 '겨자기름 폭탄'이라 부른다.

극지방 규조류의 마술

규조류는 전 세계에 널리 분포하는 아주 작은 해양 생물이다. 그런데 극지방에 사는 규조류에게는 날카로운 얼음 결정체가 큰 위협이 된다. 규조류는 창과도 같은 얼음 결정체가 점점 커져서 자기 몸을 뚫고 지나가지 못하도록 화학적 마술을 부린다. 바로 단백질을 배출하는 것이다. 이 단백질은 얼음 결정체의 뾰족한 끝부분과 결합해서 얼음이 커지는 것을 막는다. 규조류 주변의 얼음 결정체들은 더 이상 커지지 않고, 규조류는 창에 찔릴 일이 없게 된다. 그 덕분에 대다수 생물은 살 수 없는, 얼음으로 뒤덮인 환경에서도 규조류는 살 수 있는 것이다.

자연 속 패턴을 활용해 봐!

양말을 가까이서 들여다보거나 바다의 파도를 유심히 살펴보면, 거기에 어떤 무늬가 일정하게 반복됨을 발견할 수 있다. 그러한 반복되는 무늬를 '패턴'이라고 한다. 자연 속에 나타나는 패턴은 그저 멋지게 보이기 위한 것만은 아니다. 수많은 동식물이 더 적은 에너지로 살아갈 수 있게 돕는다. 이처럼 중요한 역할을 하는 자연 속 패턴에는 어떤 것들이 있는지 알아보자.

나뭇가지 패턴

나무 아래에 누워 위를 쳐다보면, 줄기가 수많은 가지로 갈라지고 그 가지들이 더 많은 잔가지로 갈라지며 뻗어 나가는 모습을 볼 수 있다. 이런 모양을 '나뭇가지 패턴'이라 한다. 강 하구에 발달한 삼각주와 인간의 허파는 모두 나뭇가지 패턴으로 되어 있다. 나뭇가지 패턴은 이 밖에도 어디에서나 쉽게 발견할 수 있다. 비나 물, 공기를 모으고 골고루 퍼뜨리는 데 아주 효과적이기 때문이다. 이 패턴 덕분에 나무도, 삼각주도, 인간의 허파도 생존에 필요한 것들을 곳곳에 잘 전달할 수 있다.

나선형 패턴

나선형 패턴을 보려고 굳이 멀리까지 갈 필요는 없다. 달팽이 껍데기에

▲ 프랙털은 반복되는 기하학적 무늬로, 어떤 크기에서나 모양이 똑같다. 과학자들은 프랙털을 활용해 뇌파나 세균 증식, 무선 셀 신호 같은 것의 패턴을 알아낸다. 사진은 자연 속 프랙털을 잘 보여 주는 채소인 로마네스코 브로콜리다.

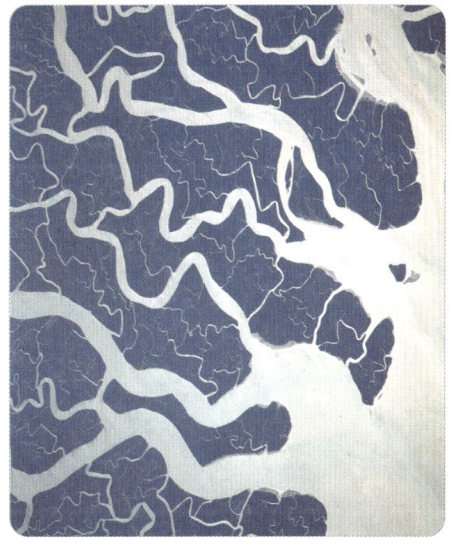

▲ 미국의 컬럼비아 우주 왕복선이 찍은, 방글라데시와 인도에 접한 갠지스강 삼각주의 모습. 강물이 나뭇가지 패턴으로 수백 킬로미터 먼 곳까지 뻗어 있다.

▲ 카멜레온은 나선형 근육 덕분에 전투기보다 다섯 배나 빠른 속도로 혀를 내밀어 먹이를 낚아챈다.

▶ 이 앵무조개는 계산기를 두드려 가며 정확한 나선형으로 몸집을 키웠을까?

서도, 태풍과 허리케인에서도 나선형 패턴을 발견할 수 있다. 나선형 패턴은 가운뎃점에서 출발해서 빙글빙글 곡선을 그리며 나아가는 형태로 되어 있다. 나선형은 하나의 보호 수단이다. 길게 갈라진 고사리 잎은 자라는 동안 다른 생명체에게 먹히지 않기 위해 끝이 단단하게 말려 있다.

또한 나선형은 깔때기처럼 물질을 가야 할 곳으로 이끈다. 인간의 귀는 나선형 구조로 되어 있는데, 소리를 안쪽의 고막으로 보내어 음파를 감지한다. 나선형은 스프링처럼 에너지를 저장해 주기도 한다.

피보나치수열 패턴

꽃들이 수학을 알까? 당연히 모를 것이다. 하지만 자연 어디에서나 피보나치수열을 보여 주는 수학적 패턴을 발견할 수 있다. 피보나치는 중세의 대표적인 수학자로, 그가 발견한 수열에서는 각 수가 이전 두 수의 합과 같다. 그 수열을 나열해 보면 0, 1, 1, 2, 3, 5, 8, 13, 21, 34, 55, 89, 144 등으로 끝없이 이어진다. 해바라기 씨앗은 나선형 패턴으로 배열되어 있는데, 여기서 피보나치수열을 발견할 수 있다. 이 패턴에 따라 씨앗들은 가능한 한 촘촘히 박혀 중심판을 가득 채운다. 이 밖에 파인애플, 솔방울, 앵무조개 껍데기에서도 같은 패턴을 찾을 수 있다.

뇌 없이도 잘한다

친구들과 바깥에 아지트나 요새 같은 걸 만들려면 먼저 의논부터 해야 할 것이다. 큰 나뭇가지는 얼마나 모을지, 작은 나뭇가지는 얼마나 모을지, 또 그렇게 모은 나뭇가지들을 어떻게 이을지에 대해서 말이다. 그런데 만일 여러분이 말도 못하고, 심지어 뇌도 없다면 어떨까? 당연히 계획을 의논할 수도, 실행에 옮길 수도 없을 것이다.

놀랍게도, 숲속에서는 비밀스러운 대화가 아주 활발히 이어진다. 썩은 나무에서 흘러나온 끈적끈적한 누런 덩어리들이 나뭇잎과, 나무껍질·톱밥·퇴비 등을 섞어 나무 뿌리 위 표면에 덮은 뿌리 덮개를 양분 삼아 살금살금 사방으로 퍼져 나간다. 이 녀석들은 식물일까, 동물일까, 아니면 곰팡이일까? 그 어느 것도 아니다. 이건 점균류다.

점균류는 아메바목에 속하는, 뇌 없는 단세포 생물이다. 다리가 없지만 멀리까지 이동할 수 있다. 미국에서 발견된 것과 똑같은 점균류가 뉴질랜드에서 발견된 적도 있다.

게다가 과학자들은 점균류가 뇌는 없지만 학습할 수 있다는 사실도 알아냈다. 실험 결과, 점균류는 싫어하는 카페인 물질은 피하

▲ 말 한마디 없이 친구들과 뭔가를 만들 수 있을까?

고 좋아하는 물질은 귀신같이 찾아가는 법을 알고 있었다. 녀석들은 귀리를 무척 좋아한다!

일본 홋카이도 대학 연구진들은 도쿄의 여러 기차역에 귀리 가루를 흩어 놓은 다음, 점균류를 풀어놓았다. 그랬더니 점균류가 점점 퍼져 나가면서 실제 도쿄 철도망과 비슷한 연결망을 만들었다! 점균류는 언제나 두 장소를 잇는 가장 효율적인 길을 찾아낸다. 많은 연구자들이 이러한 생물들을 관찰하고 모방한다면, 언젠가 아주 획기적인 도로망을 만들어 낼 수도 있을 것이다.

흙과 나무, 세균은 뛰어난 청소부

흔히들 물은 깨끗하고 흙은 더럽다고 생각한다. 그래서 손이나 옷에 묻은 흙을 물로 씻어 낸다. 그런데 사실은 흙이 물을 깨끗하게 해 준다.

토양은 지구에서 가장 거대한 천연 여과 장치다. 말하자면, 커다란 체나 스펀지 같은 역할을 한다. 비나 개울물이 토양 속의 수많은 미세한 관과 구멍을 통과할 때, 흙은 해로운 화학 물질이나 무기물 같은 오염 물질은 꽉 잡아 두고 깨끗한 물만 흘러가게 한다. 나무도 토양과 같은 일을 한다. 나무는 공기 속에 있는 심각한 유해 물질인 미세 먼지를 없애 준다. 어떤 식물은 토양 속 중금속만

▲ 흙 속에 있는 '마이코박테리움 백케이'라는 균은 사람의 기분을 북돋워 준다. 아이들이 흙놀이를 하며 즐거워하는 데는 이유가 있다!

쏙쏙 빨아들인다. 사람들은 그런 식물에게서 귀한 광물을 뽑아내기도 한다. 이를 '식물 채광'이라 한다.

세균도 이런 일에 활용할 수 있다. 과학자들은 다양한 박테리아가 물이나 토양 속의 중금속과 그 밖의 여러 오염 물질을 없앤다는 사실을 알아냈다. 한 예로, 런던의 퀸 엘리자베스 올림픽 공원은 박테리아 덕분에 깨끗해졌다. 이 지역은 수백 년 동안 공업 지역으로 사용되어서 심하게 오염되었다. 사람들이 토양과 지하수에 미

나도 한번 해 볼까?

영웅은 멀리 있지 않았다. 바로 자연이 진정한 영웅이었다.

이제부터 우리가 못하는 일을 거뜬히 해낼 수 있는 놀라운 생물들을 스케치하고, 사진으로 찍고, 기사도 찾아서 읽어 보자. 생물들의 강력한 힘을 찾아내고 연구하자.

앞으로 개미 고속도로, 햇빛으로 포도당을 만드는 나뭇잎, 나무를 먹는 곰팡이 같은 것을 주의 깊게 관찰하고, 거기서 무엇을 배울 수 있는지 곰곰이 생각해 보자.

생물을 넣어 박테리아의 대대적인 청소를 거친 뒤에야, 그곳에서 2012년에 런던 하계 올림픽과 패럴림픽을 열 수 있었다.

이제는 자연의 비법을 배울 때!

앞에서 살펴보았듯이, 자연은 세상을 잘 굴러가게 하는 엄청난 무기들을 지니고 있다. 그리고 이미 수많은 과학자들이 규조류와 겨자, 뇌 없는 점균류를 비롯한 많은 생물들을 연구하며, 그것들에게서 우리 환경과 삶을 이롭게 할 방법을 배우고 있다. 파괴되어 가는 지구를 회복시킬 길은, 바로 생체 모방에 있다.

자연이 들려주는 이야기

글쓴이 메건은 미국 남부에 있는 오커포노키 늪지대에 카누를 타러 간 적이 있다. 물은 새카맣고, 악어는 우글우글했다! 공원 경비원은 걱정하지 말라고 메건을 안심시켰다. 늦겨울이면 악어들은 가만히 누워 일광욕을 즐기기 때문이란다. 그날 메건은 셀 수 없이 많은 악어를 보았다. 팔다리를 벌리고 통나무 위에 누워 있는 녀석, 연잎들 사이에서 달콤한 휴식을 취하는 녀석, 굵은 관목 속에 숨어 있는 녀석 등등. 메건은 자연 최고의 정화 도구인 늪을 헤쳐 나가며 노를 젓고 있다는 사실도 잊어버릴 정도였다. 늪은 습지의 또 다른 이름이며, 습지는 자연 최고의 물 여과 장치다. 습지에는 천연 박테리아가 풍부하다. 천연 박테리아는 식물에 양분을 제공하고 질소를 제거하여, 생태계가 완벽하게 굴러가도록 도와준다.

3장
자연에서 답을 얻다

인간은 오랜 세월 동안 수많은 기술과 발명품을 만들어 냈다. 하지만 인간이 여전히 풀지 못한 숙제가 수두룩하다. 게다가 인간의 방식은 대부분 환경을 오염시키거나 그 자체로 한계를 지니고 있다. 우리가 오랫동안 풀지 못한 문제의 답을 자연에서 얻는다면 어떨까? 이 장에서는 자연을 본떠 문제를 해결한 예들을 살펴보자.

자연아, 너라면 어떻게 할래?

만약 여러분이 가장 좋아하는 티셔츠에 케첩을 잔뜩 흘렸다면 어떻게 해야 할까? 게다가 그 티셔츠가 당장 내일 있을 친구의 생일 파티에 입고 갈 옷이었다면? 아마도 얼룩이 지워지지 않을까 봐 걱정될 것이다. 그런데 만약 디자이너가 그 옷을 만들기 전에 옷감을 깨끗하게 유지하는 법을 자연에게 물었다면 어땠을까?

연은 진흙투성이의 늪지대에 살면서도 아주 깨끗하다. 그 비결은 연잎의 특수한 표면에 있다. 잎 표면은 우툴두툴한데다 아주 미세하게 코팅되어 있어, 물이 스며들지 않고 그냥 흘러내린다. 그리고 그 물은 잎 표면의 흙이나 먼지, 진흙을 씻어 주기 때문에 늘 깨끗함을 유지할 수 있다.

과학자들은 이러한 연의 특성을 연구함으로써 청

▲ 자연을 가까이서 관찰하다 보면, 우리가 풀지 못한 문제에 대한 해답을 발견하게 될지도 모른다.

이거 알아?

하마의 피부는 햇볕에 타지 않게 하려고 끈적끈적한 분비물을 뿜어낸다. 언젠가 하마의 분비물에서 힌트를 얻은 자외선 차단제가 나올 수도 있다.

소나 빨래를 할 때 화학 물질을 덜 사용하면서도 더 쉽게 씻어 낼 수 있는 제품을 개발할 수 있을 것이다. 이미 커피나 겨자, 케첩 얼룩이 스며들지 않는 기발한 옷감을 연구 중이라고 한다.

때로는 새로운 방식으로 문제를 바라볼 때 더 나은 해결책을 발견하기도 한다. 우리가 자연의 방식을 관찰한다면, 오랫동안 풀지 못한 문제에 대한 새로운 답을 찾을지도 모른다.

새 부리를 본뜬 총알 열차

일본의 고속 열차 신칸센은 시속 300킬로미터의 빠른 속도로 달려서 '총알 열차'라고도 불린다. 이 열차는 공기와 바람의 흐름이 가장 부드럽게 스치도록 총알 모양으로 설계되었다. 그런데 문제가 있었다. 열차가 터널을 지날 때 공기 압력이 높아지면서 엄청난 소음이 발생하게 된 것이다. 철도 주변에 살던 주민들은 잠을 못 자고, 야생 동물은 불안에 떨었다. 기술자들은 소음도 줄이

▼ 문제를 개선한 신칸센은 전보다 전기를 덜 쓰면서 더 빨리 달린다.

면서 공기 저항도 덜 받는 열차를 만드는 일에 뛰어들었다.

그런데 그 기술자들 가운데 조류 관찰자가 있었다. 그는 어느 모임에서 물총새가 물 한 방울 튀기지 않고 물속으로 들어가는 영상을 보았다. 커다란 머리와 길고 뾰족한 부리 덕분에 물총새는 물결을 일으키지 않고 물속에 뛰어들어, 먹잇감을 잘 발견해 낚아챌 수 있다. 그 기술자는 물총새를 본뜨면 어떤 소음도 일으키지 않고 터널을 통과하는 열차를 만들 수 있겠다는 생각이 들었다. 그래서 열차 앞부분을 물총새의 부리 모양으로 만들었고, 결국 문제를 해결했다!

모기 침을 닮은 주삿바늘

모기는 인간을 물 때 들키지 않기를 바란다. 만일 인간이 눈치챘다가는 납작하게 뭉개질 테니까 말이다. 빨대 모양의 모기 주둥이는 침처럼 보이는데, 몰래 피를 빨아먹기에 알맞도록 진화되었다. 과학자들은 어떻게 하면 더 좋은 주삿바늘을 만들

▲ 물총새는 물속으로 뛰어들 때 시속 40킬로미터까지 속도를 낼 수 있다.

수 있을까 고민하다가 모기 주둥이를 관찰하게 되었다. 그 결과, 기존 바늘 두께의 10분의 1밖에 안 되는 아주 가느다란 바늘이 개발되었다.

이 바늘은 별로 아프지 않다. 마치 빵을 자를 때 칼이 앞뒤로 살살 움직이듯이, 바늘이 진동하면서 피부에 들어가기 때문이다. 이제 간호사들은 환자 피부에 상처가 날 정도로 세게 주삿바늘을 밀어 넣지 않아도 된다. 이 가는 주삿바늘은 맞을 때 별로 아프지 않기 때문에, 당뇨병 환자처럼 수시로 주사를 맞아야 하는 사람들에게 특히 도움이 된다.

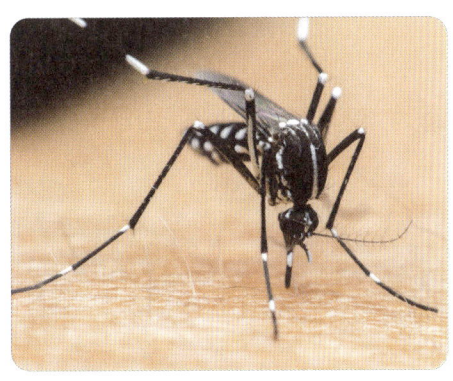

▲ 모기 주둥이처럼 가느다란 주삿바늘은 통증과 공포감을 훨씬 덜어 준다.

물곰에게 배운 당분 코팅법

백신은 홍역과 볼거리, 콜레라를 비롯한 온갖 전염병을 예방해 준다. 그런데 보관을 잘못해서 온도가 높아지면 약효를 잃게 된다. 그래서 반드시 냉장 보관된 상태로 비행기나 기차, 자동차를 이용해 세계 곳곳으로 운반해야 한다. 하지만 이 과정은 무척 까다롭고 에너지도 엄청나게 많이 든다! 운반 도중에 백신을 못 쓰게 되는 일도 많다.

이 문제로 골머리를 앓던 과학자들은 아주 작은 완

이거 알아?

딱따구리는 부리로 나무를 칠 때, 나무가 갈라질 정도로 세게 친다. 인간은 그 강도의 10분의 1정도로만 맞아도 뇌진탕에 걸린다. 공학자들은 딱따구리가 어떻게 뇌를 보호하는지 연구했고, 그 결과 효과적인 충격 흡수 장치를 만들었다. 이 장치는 우주선이 우주 속 작은 물체와 부딪쳤을 때 충격을 견딜 수 있게 해 준다.

▲ 백신은 길이 없는 오지에도 운반되어야 한다.

▲ 지구 최강 생물체인 물곰. 우주 비행사들이 물곰 몸에서 수분을 뺀 상태로 우주의 진공 상태에 두었는데, 그때도 물곰은 살아남았다.

보동물에게서 힌트를 얻었다. '물곰'이라고도 불리는 이 느림보 동물은 벼룩의 5분의 1 크기로, 지구 어느 곳에나 있다. 가장 깊은 바닷속부터 가장 추운 산꼭대기까지 어떠한 극한 환경에서도 살아남는 지구 최강 동물이다. 녀석들은 몸을 완전히 건조시키고 대사 활동을 멈춘 채 휴면 상태에 들어가 120년을 견뎌 낼 수 있다. 그러다가 수분이 공급되면 상처 하나 없이 다시 깨어난다! 그럴 수 있는 비밀은 '트레할로스'라는 당분에 있다. 물곰은 몸속 수분을 모조리 내보낸 뒤, 휴면 상태로 들어갈 때 세포 지방을 트레할로스로 바꾼다. 트레할로스는 매끄럽고 윤이 나는 아주 얇은 층으로, 물곰 몸속의 모든 장기를 감싸 안전하게 보호한다. 과학자들은 백신에도 이와 똑같은 기술을 시도했고, 마침내 좋은 결과를 거두었다! 당분으로 겉을 감싼 백신은 냉장고 없이도 6개월까지 보관할 수 있다.

상어 피부를 본뜬 세균 막는 필름

고래를 가까이에서 보면, 몸 표면이 딱딱한 따개비 층으로 덮여 있다는 걸 발견하게 된다. 그 층이 너무 두꺼워서 갑옷처럼 보이는 것도 있다. 반면에 상어의 몸 표면은 윤이 나고 매끄럽다. 몹시 작고 뾰족한 방패 비늘로 덮여 있기 때문에, 만졌을 때 아주 고운 사포지 느낌이 나고 따개비도 달라붙지 않는다.

과학자들은 상어 피부를 본떠 세균 번식을 막는 필름을 개발했다. 이 필름은 다이아몬드 모양의 미세한 비늘 수백만 개로 촘촘히 덮여 있어, 질병을 일으키는 세균이 자리 잡기 힘들다.

상어 피부를 본뜬 필름은 병원이나 공공 화장실, 실험실, 어린이 보육시설처럼 병균이 퍼지기 쉬운 장소에서 유

▲ 상어 피부를 뒤덮은 방패 비늘. 이 비늘 때문에 작은 해양 생물이 상어 피부에 달라붙지 못한다. 상어는 피부가 깨끗할수록 물속에서 더 빠르게 움직일 수 있다.

용하게 쓰일 수 있다. 상어 피부 덕분에 이제 항생제 없이도 해로운 세균을 물리칠 수 있는 새로운 길이 열린 것이다!

밝기를 더해 주는 반딧불이 코팅제

반딧불이 불빛은 무척 신비로워 보인다. 과학자들은 순수한 화학 작용으로 이런 현상이 나타난다고 생각했다. 하지만 최근에 반딧불이 몸의 형태도 중요한 역할을 한다는 사실을 발견했다. 그들은 고성능 특수 현미경으로 반딧불이를 관찰했는데, 그때 삐죽삐죽한 모양의 비늘들을 확인했다. 그 비늘들 덕분에 빛이 안쪽으로 흡수되지 않고 바깥으로 퍼져 나가, 반딧불이가 더 밝게 빛난 것이다.

과학자들은 반딧불이를 모방해, 비늘 모양의 특수 코팅제를 개발했다. 똑같은 에너지를 사용해도 이 코팅제를 바른 엘이디 불빛이 그렇지 않은 것보다 훨씬 밝았다. 전 세계에 사는 반딧불이는 2,000종이 넘는다. 어쩌면 훨씬 더 효과 좋은 비늘 모양이 발견될지도 모른다.

▲ 빛을 내는 발광 박테리아. 이런 박테리아를 가득 채운 램프로 집 안을 밝힐 수 있다면 어떨까?

어디든 척척 달라붙는 게코 테이프

혹시 게코 도마뱀처럼 벽을 기어 올라가고 싶었던 적이 있는가? 도마뱀의 사촌 격인 게코 도마뱀은 '도마뱀붙이'라고도 불린다. 게코 도마뱀이 아무 데나 잘 달라붙을 수 있는 비결은 바로 털북숭이 발가락에 있다. 게코 도마뱀 발가락의 바닥은 수많은 미세한 털(강모)로 덮여 있고, 그 각각의 털은 다시 더 미세한 털(섬모)로 나뉘어 있다. 이 미세한 털들이 벽이나 천장에 가까워지면 각 털의 분자와 벽면 사이에 서로 끌어당기는 힘이 생긴다. 이를 '반데르발스 힘'이라고 한다. 게코 도마뱀은 그 힘으로 오르고 싶은 곳은 어디든 척척 올라갈 수 있다. 접착제 없이 몇 번이고 발을 뗐다 붙였다 하면서 말이다.

과학자들은 게코 도마뱀의 발에서 아이디어를 얻어, 사람으로 하여금 유리 벽을 기어오를 수 있게 해 주는 테이프를 만들었다. 손바닥만 한 게코 테이프 한 장으로 회색 곰이나 에스파냐의 싸움소도 잡을 수 있다. 게코 테이프는 쉽게 떼어지고 여러 번 다

이거 알아?

1800년대 영국 광부들은 희미한 빛을 내는 마른 물고기 껍질로 작업장에 불을 밝혔다. 불을 사용하는 램프는 자칫 지하에 고인 가스를 폭발시킬 수 있기 때문이다.

▲ 미국 항공 우주국은 게코 도마뱀에서 아이디어를 얻은 접착제로 낡은 인공위성 같은 우주 쓰레기를 잡는 로봇을 개발 중이다.

시 사용할 수 있으며 끈적끈적한 잔여물도 남기지 않는다.

딱정벌레처럼 물을 모으자!

아프리카 나미비아의 건조한 모래사막에는 특별한 딱정벌레가 산다. 이 벌레도 여느 동물과 마찬가지로, 살기 위해 물이 필요하다. 모래사막에서는 서늘한 아침에 끼는 안개가 유일한 물이다. 이 딱정벌레는 안개와 제 몸을 이용해 사막에서 살아남는 법을 익혔다. 녀석은 가파른 언덕에 올라가, 바람이 부는 방향으로 등을 돌린다. 그러면 겉날개의 울퉁불퉁하고 미세한 돌기 안에 물이 맺히고, 녀석은 그 돌기들을 타고 내려온 물을 마신다.

▼ 카자흐스탄 투르바트에 사는 아이가 당나귀를 타고 물을 길어 오는 모습. 이 지역은 비가 거의 내리지 않아서 물을 얻기가 무척 힘들다.

이 딱정벌레처럼, 인간도 살기 위해 깨끗하고 신선한 물이 필요하다. 하지만 사막에서는 물을 충분히 얻을 수 없다. 그래서 사람들은 딱정벌레가 하는 대로 따라 하면서 새로운 방법으로 물을 모으고 있다. 요즘 사막 지역 사람들은 물방울을 모으는 거대한 그물을 사용해 안개에서 물을 얻는다.

인공 거미줄로 만능 실을 만들자!

거미줄은 거의 보이지 않을 정도로 아주 가늘지만, 철보다 튼튼하다. 커다란 곤충이 거미줄에 걸리면 거미줄은 끊어지지 않고, 쭉 늘어났다가 다시 원래대로 돌아온다. 인간을 설계 기준으로 삼아 거미줄을 만든다면, 비행기도 멈춰 세울 수 있을 것이다. 거미는 어떻게 이런 놀라운 물질을 만들까? 거미는 그저 물을 이용해 자기 몸 안에서 줄을 뽑아낸다. 우리가 독성 화학 물질을 사용해 옷감을 만들어 내는 것과는 차원이 다르다.

과학자들은 거미줄에서 아이디어를 얻어, 미생물을 활용한 인공 거미줄을 만들고 있다. 인공 거미줄은 질기면서도 잘 늘어난다. 제조 과정에서도 에너지나 화학 물질이 많이 필요

▲ 인공 거미줄로 만든 바이올린은 과연 어떤 소리를 낼까?

하지 않다. 미생물을 우유에 넣어 요구르트를 만드는 것과 같은 원리로 만들어진다.

무엇보다 인공 거미줄은 석유 대신 단백질로 만들어지기 때문에, 다 쓰고 난 뒤에 퇴비로 만들 수 있고 매립지에 갈 일도 없다. 인공 거미줄로 만들어진 옷이나 가방을 버릴 때는, 싱크대 안에 넣고 효소 가루만 뿌려 주면 바로 퇴비로 변한다.

디자이너들은 초강력 인공 거미줄을 활용해서 퇴비로 사용할 수 있는 겨울 외투, 실, 수술용 봉합사, 방탄조끼, 바이올린 줄까지 만들고 있다! 언젠가는 건축 자재나 차의 부품까지 만들 수 있을지도 모른다.

바퀴벌레 로봇 구조대

바퀴벌레는 정말 소름 끼치는 생물이다. 녀석들은 건물에 난 아주 미세한 틈이라도 비집고 들어간다. 밟아 죽이려고 해도 요리조리 잘도 피한다. 게다가 제 몸무게의 900배나 되는 압력에도 끄떡없이 견딘다. 상처 하나 없이 말이다.

만약 여러분이 소방관인데, 건물이 무너지는 위급한 상황이 벌어져 출동했다고 치자. 여러분은 최대한 빨리 생존자들을 찾아내야 할 것이다. 생존자들은 부상을 입었거나 산소 부

▲ 바퀴벌레는 몸이 제 두께의 반으로 뭉개져도 속도가 줄기는커녕 다리를 옆으로 쭉 뻗은 채로 달린다.

족에 시달리고 있을지도 모른다. 이때 바퀴벌레에서 아이디어를 얻어 만든, 유연하면서도 뭉개질 일이 거의 없는 초고속 탐색·구조 로봇을 보낸다면 어떨까? 로봇들은 곧바로 벽을 오르고 돌무더기를 헤치며 생존자를 찾을 것이다. 그러다 한쪽 발을 잃어도, 속도가 느려지지 않을 것이다.

미국 버클리 대학 연구진들은 어떤 환경에서도 잘 살아남는 바퀴벌레를 본떠 로봇을 만들었다. 지진을 비롯한 온갖 사고가 발생했을 때 무너진 건물 속에 갇힌 사람을 구출하는 데 바퀴벌레 로봇이 도움이 되기를 바라면서 말이다! 바퀴벌레 로봇은 갈라진 틈 사이를 쉽게 비집고 들어갈 수 있다. 크기가 겨우 1센티미터에 불과한 데다 동전 두 개를 포갠 두께로 납작해질 수 있기 때문이다. 거기에다 카메라나 센서까지 단다면, 언젠가 소방관들을 생존자에게 안내하는 날도 오지 않을까!

이처럼 수많은 동물이 사람들에게 영감을 주어, 새로운 디자인을 만들도록 이끈다. 최근에는 근육이 4만여 개나 되는 코끼리 코를 본뜬 로봇 팔도 개발되었다. 믿을 수 없을 정도로

▲ 구조대원이 구조견과 함께 사고 현장으로 들어가고 있다. 구조대원들이 안전한 진입로를 찾고 생존자 위치를 알아내기 위해, 바퀴벌레에서 아이디어를 얻은 로봇 무리를 사고 현장에 보낸다면 어떨까?

정확하고 유연한 이런 로봇은 공장이나 실험실은 물론 병원에서도 사용된다.

고양이 뇌를 본뜬 슈퍼컴퓨터

고양이는 주인이 집에 오는 시간을 귀신같이 알아챈다. 그래서 그 시간에 딱 맞춰 문 앞에 앉아 주인을 기다린다. 녀석들이 그걸 어떻게 아는지 정말 신기할 따름이다. 고양이는 물론이고, 인간을 비롯한 모든 동물의 뇌에는 수십억 개의 신경 세포가 들어 있다. 그리고 이것들은 몸속의 수많은 다른 신경 세포와 연결되어 있다. 이 복잡한 연결망 덕분에 뇌는 세계에서 가장 빠른 슈퍼컴퓨터보다 빠르고, 수많은 문제를 동시에 처리할 수 있다.

미국 미시간 대학의 컴퓨터 공학자 웨이 루 교수는 자연이 뇌를 만든 방법으로 컴퓨터를 만들고 싶었다. 그래서 고양이 뇌를 선택했다. 인간의 뇌보다 단순하지만, 세계에서 가장 빠른 슈퍼컴퓨터보다 더 많은 신경 세포가 연결되어 있기 때문이다. 루 교수는 고양이 뇌의 신경 세포 연결망을 본떠, 짧은 시간 안에 더 많이 연결되는 컴퓨터를 만들고자 한다. 그의 목표는 방 크기만 한 컴

▲ 가장 빠른 슈퍼컴퓨터도 고양이 뇌보다 훨씬 느리다.

퓨터를 2리터짜리 사이다 병 크기만 하게 만드는 것이다. 오늘날 가장 성능이 뛰어난 슈퍼컴퓨터는 믿을 수 없을 정도로 처리 속도가 빠르다. 하지만 여전히 고양이 뇌가 83배 더 빠르다. 고양이 뇌의 도움을 받고 싶다면, 고양이에게 물어봐야 할 것이다.

독성 물질이 없는 해조류 건전지

휴대 전화에서 리모컨, 노트북, 전기차까지 우리 생활에서 떼려야 뗄 수 없는 기계들 대부분이 건전지의 힘으로 돌아간다. 하지만 모든 건전지, 심지어 다시 충전해서 쓰는 건전지까지도 결국에는 쓰레기가 된다. 건전지의 가장 큰 골칫거리는 그 속에 코발트 같은 독성 물질이 가득 들어 있다는 점이다.

전 세계 바닷가에는 녹색 해조류가 살고 있다. 해조류는 계속 자라기 때문에 결코 그 양이 부족해지지 않는다. 만약 이 끈적끈적한 해조류가 중금속 없는 새로운 건전지를 만드는 데 해답이 될 수 있다면 어떨까?

스웨덴 웁살라 대학 연구진은 해조류에 전기가 통하는 얇은 층을 입혀 건전지를 만들었다. 이 건전지에는 중금속이나 독성 화학 물질이 전혀 들어 있지 않다.

나도 한번 해 볼까?

우리는 언제든 자연을 따라 할 수 있다! 황제펭귄처럼 옹기종기 모여서 체온을 따뜻하게 유지할 수도 있고, 돌고래처럼 발을 차서 더 빨리 헤엄칠 수도 있으며, 나뭇잎으로 위장해 숨바꼭질할 때 들키지 않고 몸을 숨길 수도 있다. 자연에서 또 무엇을 따라 할 수 있을지 한번 생각해 보자.

과학자들은 언젠가 해조류 건전지가 일반 건전지처럼 널리 사용될 수 있기를 기대한다. 놀라운 사실은 해조류 건전지가 단 11초 만에 충전된다는 것이다! 어쩌면 해조류 건전지가 앞으로 '건전지 혁명'을 일으킬지도 모른다.

자연이 들려주는 이야기

글쓴이 킴은 한때 '베키'라는 친구와 방을 함께 썼는데, 그 친구는 텃밭 가꾸기를 좋아했다. 어느 날 킴은 토마토가 자라는 텃밭에 퇴비를 뿌리다가 금속 지퍼를 발견했다. 킴이 베키에게 퇴비에 뭘 넣은 거냐고 묻자, 베키는 이렇게 말했다. "그거? 내 청바지에서 빠졌을 거야. 바지가 많이 낡아서 퇴비로 만들었거든."

다음 주에 킴은 정말로 베키가 낡은 청바지를 퇴비 통에 넣는 것을 보았다. 청바지는 면으로 만들어졌기 때문에 빨리 분해되고 지퍼와 단추, 주머니 귀퉁이에 붙은 작은 금속들만 남았다.

4장
지속 가능한 지구를 이루어 가는 사람들

더 나은 세상을 만들려면 어떻게 해야 할까? 우리가 지금까지 써 온 방식을 바꾸면 된다. 이제는 도시를 세우더라도 우리 마음대로 자연을 바꾸는 대신, 주위 환경에 우리를 맞추어야 한다. 이 장에서는 자연에서 배운 것으로 더 나은 미래를 만들어 가는 세계 곳곳의 사람들을 만나 보자.

앞을 내다보기 위해 과거를 돌아보다

생체 모방은 새로운 기술이지만, 그 개념은 새로운 것이 아니다. 수천 년 전부터 세계 곳곳의 원주민들은 무엇이든 자연으로부터 배우고, 자연의 흐름에 맞추어 살아 왔다. 그리고 이제 건축가와 디자이너, 과학자 들은 이들의 지혜를 활용하기 시작했다.

▲ 미래 도시는 어떤 모습일까? 사진은 가상으로 설계된 미래 도시 모습.

건축가이자 디자이너인 줄리아 왓슨은 전 세계를 여행하며 여러 원주민 공동체로부터 자연과 어우러지는 설계를 배웠다. 그러면서 지속 가능한 마을과 도시를 세우기 위한 아이디어를 많이 얻었다. 인도 북동부 메갈라야주의 고무나무 다리 또한 그녀에게 큰 영감을 준 것 중 하나다. 그 지역은 비가 워낙 많이 내려서 나무 다리든 강철 다리든 순식간에 썩고 녹슬어 버린다. 그래서 그곳 사람들은

▲ 이런 고무나무 다리 가운데 몇몇은 수백 년 전에 만들어졌다.

살아 있는 다리를 놓는다. 강이나 협곡 양쪽에 고무나무를 심는 것이다. 고무나무는 뿌리가 땅 위로 자라면서 커다란 몸통을 지탱한다. 그 지역의 카시족과 자인티아족 사람들은 대나무 같은 다른 나무 조각에 이 유연하고 길쭉한 고무나무 뿌리들을 둘둘 감아, 양쪽이 이어지도록 만든다. 뿌리들은 서로 얽히고설키다가 한데 합쳐진다. 이렇게 해서 만들어진 다리는 비가 내려도 썩기는커녕 더욱 울창해지고 시간이 갈수록 더 튼튼하게 자란다.

이처럼 나무는 전 세계 사람들에게 건축의 해법을

이거 알아?

중앙아메리카의 작은 나라 코스타리카는 모범적인 환경 보존 국가로 알려져 있다. 2018년에는 300일 동안 100퍼센트 재생 에너지만 사용해 전력을 생산하는 기록을 세웠다. 이때 사용한 재생 에너지는 태양, 바이오매스, 풍력, 지열 에너지다.

> **이거 알아?**
> 과학자들은 플라스틱을 소화할 수 있는 곰팡이를 발견했다. 언젠가는 곰팡이의 도움을 받아 플라스틱 쓰레기를 처리하게 될지도 모른다!

내보여 준다. 북아메리카 동부 지역에서 흔히 볼 수 있는 자작나무의 매끄럽고 흰 껍질은 종이처럼 얇게 벗겨진다. 그런데 이 껍질이 놀라울 정도로 질긴 데다 물이 스며들지 않는다. 오늘날 북아메리카 북동부 일부 지역에 사는 알곤킨족은 예로부터 자작나무 껍질을 다양하게 활용했다. 그들은 카누, 식품 저장 용기, 밧줄을 만드는 데 이 껍질을 두루 사용했다. 또한 '위그왐'이라 불리는 집의 외벽에도 썼는데, 나무 구조물 위에 껍질 여러 장을 덮어 밧줄로 고정하는 식으로 집을 보호했다.

나무껍질은 딱 필요한 만큼만 열을 흡수하고, 적당한 양의 햇빛을 반사한다. 붙박이 온도 조절 장치나 다름없다. 자작나무 껍질은 물이 스며들지 않기 때문에, 집은 항상 따뜻하고 쾌적하다. 최근 과학자들은 나무껍질로 만든 지붕널과 외벽이 에너지 소비를 얼마나 줄일 수 있는지 연구하고 있다.

달걀 껍데기와 박테리아로 친환경 건축을!

우리는 콘크리트로 고층 빌딩, 고속 도로, 다리를 만든다. 이렇게 두루 쓰이는 콘크리트를 만드는 과정에는 많은 이산화탄소가 발생한다. 앞으로 오염을 덜 일으키는 건축 자재를 만들어야 지구에 해를 덜 입힐 것이다.

닭을 뛰어난 건축가라고 생각하는 사람은 없을 것이다. 하지만 닭은 18시간 만에 달걀 껍데기를 뚝딱 만든다. 달걀 껍데기는 닭의 체온으로 만들어지고, 쓰레기도 만들지 않으며, 인간이 만든 세라믹보다 훨씬 강하다. 달걀 껍데기로 다리나 건물을 만든다고 하면 황당한 소리라고 할지도 모르겠다. 하지만 달걀 껍데기나 뼈, 조개껍데기 같은 바이오 광물질은 본래 천연 콘크리트다.

최근 들어 과학자들은 달걀 껍데기를 건축 자재로 활용하려고 열심히 연구 중이다. 이런 연구가 아직은 낯설게 느껴지지만, 계속하다 보면 좋은 결과를 얻을 수 있을 것이다.

과학자들은 이미 생체 모방을 통해 콘크리트를 보수할 방법을 찾았다. 콘크리트가 갈라지면 고치기가 힘들다. 미생물학자 헨드릭 존커스는 콘크리트를 더 오래 유지할 방법을 두고 고민하다가 해결책을 찾았다. 석회석을 만드는 '바실루스'라는 박테리아를 콘크리트에 섞는 것이다. 이 박테리아는 물과 영양분 없이도 200년 동안 휴면 상태로 있을 수 있다. 그러다가 물이 콘크리트의 균열 안으로 스며들면, 깨어나서 석회석을 만들어 틈새를 메꾼다.

▲ 달걀 껍데기 속에는 햇빛을 차단하는 성분이 들어 있다. 현재 과학자들은 건축물을 태양 광선으로부터 보호하기 위해 건축 자재에 달걀 껍데기를 첨가하는 실험을 진행하고 있다.

이거 알아?

전 세계에서 모래가 사라지고 있다. 사람들이 콘크리트와 유리, 컴퓨터 칩을 만든답시고 해마다 강바닥과 해변에 있는 모래 500억 톤을 사용하기 때문이다. 사막 모래는 입자가 너무 둥글어서 별 쓸모가 없다. 사막 모래를 콘크리트에 넣으면 다른 물질과 결합하는 힘이 떨어져 불량 콘크리트가 된다.

바실루스 박테리아는 1밀리미터의 미세한 틈새도 메꿀 수 있다. 고온다습한 에콰도르의 기술자들은 이처럼 틈새를 스스로 메꾸는 '자기 치유 콘크리트'를 사용해 수로와 관개 시설을 만들었다. 다른 나라들도 박테리아로 균열이 생긴 콘크리트를 고치고 있다.

살아 숨 쉬는 빌딩 숲

도시 전체를 콘크리트로 뒤덮는 대신 살아 숨 쉬는 숲처럼 만들 수 있다면 얼마나 멋질까! 미국 시애틀은 비가 많이 오기로 이름난 도시다. 이곳에 있는 비영리 단체 '어번 그린프린트'는 여러 기술자와 생물학자, 도시 계획 전문가를 모아, 홍수를 줄이고 바다로 오염 물질이 흘러가는 것을 막는 방법을 연구하고 있다.

그들은 숲이 어떻게 그 많은 빗물을 머금는지 알아내기 위해 생태계를 자세히 연구했다. 그 결과 겹겹이 쌓인 나뭇잎들이 빗물이 떨어지는 속도를 늦추고, 이끼와 나무껍질이 스펀지처럼 빗물을 빨아들여 저장한다는 걸 알아냈다. 특히 날카로운 솔잎은 빗방울을 찔러 더 작은 물방울로 쪼갰고, 덕분에 빗방울은 땅에 곧바로 떨어져 흙을 쓸어 가는 대신 숲 안개로 바뀌었다.

▲ 싱가포르에 있는 이 초대형 나무 모양 건물은 빗물을 모으고, 태양열을 흡수해 에너지를 만들며, 사람들이 쉴 수 있는 아름다운 녹색 공간을 마련해 준다.

이런 관찰 결과를 참고해 그들은 더 조화로운 도시 환경을 만들 방법을 찾아냈다. 디자이너들은 빗물이 떨어지는 속도를 늦추기 위해 숲속 나뭇잎 층을 본떠, 건물 위에 덮개와 가리개를 설치했다. 그리고 솔잎을 본뜬 철사 공예품을 만들어, 빗방울이 쪼개지고 빗물이 더 많이 증발되도록 했다. 이 공예품은 기능이 뛰어날 뿐 아니라 보기에도 좋다. 숲 생태계가 잘 돌아가는 법을 배움으로써, 우리는 자연과 더 잘 어우러지는 도시를 만들 수 있고 견디기 힘든 기후에도 살아남을 수 있다.

만약 정수 시설 대신에 살아 있는 식물로 물을 깨끗하게 한다면 어떨까? 건물이나 공장에서 흘러나오는 폐수를 정화하는 데는 시간과 돈이 많이 든다. 그런데 자연에는 정수 기능을 하는 것들이 있다. 아주 작은 습지나, 더러운 물에 둥둥 떠 있는 수초들이 그 주인공이다. 박테리아는 식물 뿌리와 힘을 합쳐 물속의 해로운 화학 물질을 먹어 치운다. 또 구리와 납 같은 중금속이나 석유, 기름까지도 없애 준다.

▲ 건물 벽에 자라는 식물은 보기에도 좋지만, 빗물이 떨어지는 속도를 늦춰 주고 오염 물질을 흡수해 공기까지 맑게 해 준다.

▲ 윈드칠을 만든 캐나다 캘거리 대학교 학생들.

▲ 흰개미집 내부는 속이 빈 탑 모양으로, 위와 아래에 구멍이 뚫려 있다. 아래 구멍에서 찬 공기가 올라오고, 위 구멍으로 더운 공기가 빠져나가 집을 늘 시원하게 유지한다. 짐바브웨에는 흰개미집을 본떠서 지은 쇼핑센터가 있다.

동물들이 가르쳐 준 냉장법

우유는 상온에 놔두면 상한다. 그래서 집에 전기가 끊기면, 어른들은 냉장고 안에 넣어 둔 음식부터 걱정한다. 하지만 지구상에는 주민 대부분이 냉장고를 가질 형편이 못 되는 지역도 있다.

캐나다 캘거리 대학교에 다니는 학생들이 플러그를 꽂을 필요가 없는 냉장고를 만들었다. 이들은 아이디어를 얻기 위해 동물들이 어떻게 자연 속에서 시원하게 지내는지를 살펴보았다. 캥거루와 코끼리, 벌, 심지어 흰개미까지 조사한 뒤에 그 방식을 발명에 그대로 적용했다. 그렇게 해서 탄생한 생체 모방 냉장고 '윈드칠'은 값도 싸고 가지고 다니기도 쉽다. 그리고 태양 전지판에서 나오는 아주 적은 양의 전기로 작동된다.

이 학생들은 시원한 바람이 집 안으로 들어오도록 되어 있는 흰개미집에서 아이디어를 얻어, 에너지를 쓰지 않고 깔대기를 사용해 자연스레 신선한 공기를 '윈드칠' 쪽으로 보냈다. 이렇게 들어온 공기는 나선형 모양의 구리관을 통과한다. 구리관은 물에 잠겨 있고 한쪽에서 태양 전지로 움직이는 팬이 돌아가는데, 이때 물이 증발하면서 구리관 속 공기가 차가워진다. 마치 바람이 부는 날 스프링클러에서 나오는 물을 맞으면 온몸이 시원해지듯이 말이다. 이런 방식은 더위를 견디기 위해 캥거루가 팔뚝을 핥아 침을 증발시키는 것, 코끼리가 몸에 물을 뿌린 뒤 커다란 귀로 부채질을 하는 것을 본뜬 것이다. 그렇게 해서 서늘해진 공기는 마침내 땅속에 설치된 식품 저장고로 들어간다. 이것은 또한 미어캣이 열을 피하기 위해 땅속에 굴을 판 것에서 힌트를 얻었다. 이처럼 여러 동물의 도움을 받아 멋진 발명품이 탄생했다!

▲ 코끼리는 발과 몸통으로 진동을 느낀다. 연구자들은 이러한 점에서 아이디어를 얻어, 사람들이 더 잘 들을 수 있도록 돕는 새로운 장치를 개발하고 있다.

미생물로 옷을 염색한다고?

화려한 색깔의 옷감으로 지은 옷은 아름답다. 하지만 옷감을 염색하는 일은 환경을 아주 많이 오염시킨다. 의류 공장에서 흘러나온 물이 강 전체를 물들일 때도 있다.

이처럼 패션 산업이 일으키는 공해를 심각하게 생각하는 디자이너들이 생체 모방 기술을 이용해 옷을 만들려고 여러 가지 실험을 하고 있다. 몇몇 디자이너는 미생물이나 박테리아를 이용한다. 박테리아는 분홍색, 노란색, 파란색 같은 다양한 색소를 만들어낸다. 그것을 본 어떤 디자이너는 '이 화려한 박테리아들을 옷감 위에서 키워 보면 어떨까?' 하고 생각했다. 연구와 실험을 거듭한 결과, 꿈이 실현되었다! 패션 디자이너 나차이 오드리 치자는 나무뿌리에서 찾아낸 박테리아 '스트렙토마이시스 코엘리컬러'를 세균 배양 접시에서 길러서 실크 스카프를 염색하는 데 쓴다. 이 박테리아는 옷감을 파란색이나 분홍색으로 물들이고, 혼합물의 산 농도에 따라 명암 차이도 나타낸다. 그 과정에서 물을 거의 사용하지 않으며, 옷감에 염료를 달라붙게 하려고 중금속을 넣을 필요도 없다. 따라서 강이 오염될 일도 없다.

▲ 배양 접시에서 색소를 만들어내는 박테리아를 기른 모습. 박테리아로 염색한 옷을 입는다면 기분이 어떨까?

그런데 한 가지 흥미로운 문제가 생겼다. 박테리아를 이용해 염색하려면 박테리아와 함께 일해야 하는데, 박테리아에게 어떤 무늬를 만들어 달라고 무슨 수로 설명할 수 있을까? 박테리아는 귀가 없는데 말이다. 하지만 그렇게 해서 만들어진 스카프는 하나하나 다 다르고 독특하다.

물고기 떼를 닮은 풍력 발전 단지

과학자들은 생체 모방을 이용해 문제를 해결하려고 할 때 신기한 능력을 지닌 동물들을 살펴본다. 미국 캘리포니아 공대 교수인 존 다비리는 물고기들이 이동하는 모습을 눈여겨보았다. 물고기 떼가 서로 부딪치지 않고 바다를 쏜살같이 가로지르는 것이 참으로 신기했다. 그래서 알아본 결과, 물고기 떼가 작은 소용돌이를 일으켜 각자 더 적은 에너지로도 헤엄칠 수 있게 만든다는 사실을 밝혀냈다. 그는 이런 원리를 적용해 더 효율적인 풍력 발전용 터빈을 만들 수 있을지도 모른다고 생각했다.

풍력 발전 단지는 땅을 많이 차지한

▲ 자신이 개발한 풍력 발전기 앞에 서 있는 존 다비리. 그는 물고기 떼가 헤엄치는 모습을 보다가 갑자기 떠오른 아이디어로 효율적인 풍력 발전기를 만들었다.

다. 프로펠러 모양의 풍력 발전기를 다닥다닥 붙여 놓으면, 전기를 많이 생산할 수 없기 때문이다. 그래서 풍력 발전 단지를 새로 만들 만한 넓은 공간을 찾기가 어렵다.

물고기들이 떼 지어 헤엄치는 모습을 관찰한 존 다비리는 새로운 모양의 풍력 발전기를 만들었다. 이 발전기는 프로펠러 대신 수직 회전체를 사용한다. 프로펠러를 단 발전기보다 작고 서로 가깝게 설치할 수 있다. 발전기의 날개들은 나란히 동전처럼 돌아간다. 물고기 떼처럼, 각 회전체는 옆에서 돌고 있는 수직 회전체로부터 에너지를 얻는다. 그리고 이것은 프로펠러보다 열 배 더 많은 전력을 생산한다.

자연을 보고, 배우고, 발명하라!

자연 속에서 해결법을 찾고 있는 건 어른들뿐만이 아니다. 어린이들도 세계 곳곳에서 자연을 관찰하면서 인류가 지구상에 남기는 발자국을 줄일 새로운 방법을 열심히 찾고 있다. 어떤 성과를 거두었는지 한번 살펴보자!

사자 퇴치 전등

아프리카 케냐의 마사이족 목동인 리처드 투레레는 아홉 살 때부터 자기 집 소들을 도맡아 돌보아야 했다. 리처드 가족은 나이로비 국립공원 남쪽 끝자락에 살았는데, 그 공원에는 울타리가 없어서 사자를 비롯한 여러 야생 동물이 리처드가 사는 동네에 제

멋대로 드나들었다. 그 바람에 사자와 인간 사이에 충돌이 일어나 사자가 죽임을 당하는 일이 벌어졌다. 리처드 가족에게는, 사자들이 밤마다 찾아와 소를 잡아먹는 것이 가장 큰 걱정거리였다. 소는 리처드 가족의 가장 중요한 돈벌이 수단인데, 사자 때문에 자꾸 죽어 나갔기 때문이다. 리처드는 사자를 쫓으려고 불도 피우고 허수아비도 세워 봤지만, 아무 효과가 없었다. 그러다 열세 살이 될 무렵 한 가지 사실을 알아챘다. 손전등을 들고 외양간을 돌 때는 사자가 공격하지 않는다는 것이었다. 리처드는 인간을 두려워하는 사자들이 움직이는 불빛을 인간으로 착각한 것이라고 여겼다. 리처드는 가지고 있던 몇 가지 전기 부품을 대충 손보았다. 그리고 태양 전지로 켜지는 전등을 많이 만들어 외양간 울타리에 쭉 달았다. 그랬더니 사자들이 가까이 오지 않았다. 그 뒤로 리처드는 밤새 외양간을 지키지 않아도 되었다.

▲ 리처드가 만든 '사자 퇴치 전등'은 소를 키우는 사람들뿐만 아니라, 그 덕분에 목숨을 건진 사자에게도 고마운 발명품이다.

이제는 케냐의 수많은 집에서 리처드가 발명한 '사자 퇴치 전등'을 사용해 소와 양을 지키고 있다. 불빛을 인간처럼 보이게 하는 리처드의 기발한 발명품 덕분에 인간과 사자 모두에게 평화가 찾아왔다.

▲ 사하라 은개미는 세상에서 가장 빠른 개미다. 몸길이의 108배에 이르는 거리를 겨우 1초 만에 달려갈 수 있다.

은개미 햇빛 가리개

사하라 은개미는 아프리카의 사하라 사막에 산다. 이곳은 섭씨 50도에 이르는 기온 때문에 생물이 살기 힘들다. 하지만 사하라 은개미에게는 비법이 있다. 개미를 잡아먹는 포식자는 태양이 내리쬐는 한낮에는 죽지 않기 위해 그늘로 피신한다. 그런데 바로 그 시간, 은개미는 먹이를 구하려고 개미집을 나온다. 은개미에게는 열을 막아 주는 최고의 햇빛 가리개가 있기 때문이다. 은개미의 몸은 특수한 털로 덮여 있는데, 그 털은 햇빛을 반사하고 체온을 분산시켜 준다. 적어도 뜨거운 햇빛 아래에서 은개미가 녹아 버리지 않게 해 주는 것이다.

전 세계 사막에는 10억 명이 넘는 사람들이 산다. 그들에게는 시원함을 유지하는 일이 중대한 과제다. 엄청난 더위로 목숨을 잃을 수 있기 때문이다. 그런데 인도 북서부와 북아프리카의 사막 지역에 사는 사람들 중에는 에어컨을 구경조차 못 해 본 사람이 대부분이다.

사막 주민들이 시원하게 살도록 도와주기 위해, 하와이에 사는 중학생들이 '선타일'을 발명했다. 선타일은 사막 지역 가정집에 사용할 수 있는 기와로 사하라 은개미와 사막 전갈, 육각형 모양의 벌집에서 아이디어를 얻었다. 이 중학생들은 선타일로 2018년 생체모방협회의 청소년 디자인 공모전에서 중학생 부문 대상을 받았다.

선타일은 사하라 은개미의 털을 본뜬 프리즘이 달린 육각형 타일로, 햇빛을 반사해 지붕 열을 식혀 준다. 아주 작은 홈들이 있어 타일의 부식을 막아 주는데, 이는 모래를 튕겨 내는 사막 전갈에게서 아이디어를 얻은 것이다. 그리고 육각형 모양은 벌집처럼 무게를 고르게 분산시킨다.

▲ 하늘에서 내려다본 미국 플로리다의 한 주택가 모습. 이곳 집들의 흰 지붕은 빛을 반사해 집 안을 더욱 시원하게 해 준다.

바나나 껍질로 된 플라스틱

플라스틱은 여러모로 쓸모가 많다. 하지만 자연에서 분해되지 않는다는 심각한 문제를 가지고 있다. 터키 이스탄불에 사는 열여섯 살 엘리프 빌긴은 목표가 하나 있었다. 바로 '퇴비로 변하는 천연 플라스틱'을 만드는 것이다. 엘리프는 감자 전분으로 플라스틱을 만들 수 있다는 이야기를 들었다. 감자는 사람들이 먹을 수도 있으니까, 어차피 버려질 뭔가를 활용하기로 마음먹고서는 바나나 껍질을 재료로 선택했다.

엘리프는 2년 동안 여러 방법을 시험해 보았다. 바나나 껍질을 소독제에 담그기도 하고, 끓이거나 걸쭉하게 만들기도 하고, 세균 배양 접시에 놓고 구워 보기도 했다. 수많은 시도 끝에, 단단히 뭉쳐진 상태로 썩지 않는 플라스틱이 탄생했다. 이 모든 일은 부엌에서 이뤄졌다. 누구나 집에서 해 볼 수 있을 만큼 간단한 방법으로 말이다. 어쩌면 이 새로운 플라스틱은 구리선을 감싸서 보호하는 피복제나 인공 팔다리 커버로 사용될지도 모른다. 엘리프는 실험을 하고 남은 바나나로 요리를 자주 한 덕분에, 바나나 디저트 전문가가 되었다!

생체 모방으로 지구를 되살리자!

지금으로서는 달걀 껍데기로 건물을 짓고, 햇빛으로 모든 것을 작동시키며, 플라스틱을 전혀 사용하지 않는 일은 불가능해 보인다. 하지만 옛날 옛적에도 인간을 우주로 데려다주는 물체를 만들거나 전 세계 사람들을 그 자리에서 연결해 주는 장치를 만들거나

자연이 들려주는 이야기

1990년대에만 해도, 이메일에 대해 아는 사람은 별로 없었다. 심지어 컴퓨터가 있는 집도 얼마 없었다. 하지만 요즘에는 거의 모든 사람들이 이메일을 주고받고, 대부분의 일을 컴퓨터로 처리한다. 과거의 이메일이나 컴퓨터처럼 생체 모방도 지금은 낯설지도 모른다. 하지만 조금씩 다양한 기술이 개발되고 삶에서 경험하는 일이 많아지면, 아주 익숙해질 것이다. 이미 많은 연구자들이 생체 모방을 통해 인류의 문제를 해결하고 지구 환경을 되살리려고 노력하고 있다.

▲ 자연으로부터 배운 것으로 무엇을 발명하고 싶은가?

하는 일은 불가능해 보였다. 하지만 인간은 그런 일들을 가능하게 만들었다. 그러므로 우리는 앞으로도 불가능해 보이는 일들을 해낼 수 있다!

인류의 무분별한 행동으로 지구 곳곳이 신음하는 이때, 우리는 생체 모방을 활용해 자연의 순환에 우리 자신을 맞추어야 한다. 이 책을 다 읽고 나면, 자연이 예전과 달리 색다르게 보일지도 모른다. 자연으로부터 무엇을 배워, 어떻게 우리 삶과 환경을 이롭게 바꾸어 갈지 함께 탐구해 보자.

나도 한번 해 볼까?

생체 모방을 배우기에 앞서, 우리 일상부터 새롭게 설계해 보자. 가장 중요한 건 덜 쓰고 소비를 줄이는 습관이다. 상점에서 봉투를 받는 대신, 집에서 장바구니를 가져가자. 음료 용기를 들고 다니고, 되도록 재생 용지를 사용하고 뒷면도 알뜰하게 사용하자. 예술 작품을 만들거나 핼러윈에 특별한 옷을 준비할 때, 새것을 사는 대신 재활용을 해 보자. 그리고 내가 해결하고 싶은 환경 문제가 무엇인지 생각해 보고, 자연 속에서 아이디어를 찾아보자!

더불어 사는 지구 78

모기 침을 닮은 주삿바늘은 왜 안 아플까? – 작은 발걸음 큰 변화 ⑰

처음 펴낸 날 2021년 10월 15일 | **세 번째 펴낸 날** 2025년 1월 10일
글 메건 클렌대넌·킴 라이얼 울콕 | **옮김** 현혜진 | **펴낸이** 이은수 | **편집** 오지명, 김연희 | **북디자인** 원상희 | **마케팅** 정원식
펴낸곳 초록개구리 | **출판등록** 2004년 11월 22일(제300-2004-217호)
주소 서울시 종로구 비봉2길 32, 3동 101호
전화 02-6385-9930 | **팩스** 0303-3443-9930
인스타그램 instagram.com/greenfrog_pub

ISBN 979-11-5782-113-6 74840 | 978-89-956126-1-3(세트)

사진 저작권 목록

P2-3 Tommy Tsutsui/Getty Images P6 Viktoriianovokhatska/Getty Images P7 (상)Dave Clendenan (하) Douglas Woolcock, Teekaygee/Shutterstock.com P8 Palidachan/Shutterstock.com P9 (상) Tikta Alik/Shutterstock.Com (하) Beeboys/Shutterstock.Com P10 Kyryl Gorlov/Getty Images P11 Ariel Skelley/Getty Images P13 (상) Tikta Alik/Shutterstock.Com (하) Greg Aldrete P14 Fabric: Marina Krynochkina/Shutterstock.Com, Shell: James St. John/Flickr.Com/CC By 2.0 P15 Mabelin Santos/Shutterstock.Com P16 Vvoevale/Dreamstime.Com P17 Dave Clendenan P18 David Pereiras/Shutterstock.Com
P20 (상) Dan Kalf (하) Kim Ryall Woolcock P21 Beeboys/Shutterstock.Com P22 Platoo Fotography/Shutterstock.Com
P23 (상) Simon Bratt/Shutterstock.Com (하) Rodimov/Shutterstock.Com P24 Dr. Nipam Patel P25 Tinnapong/Shutterstock.Com
P26 Comb: Courtesy Of Cooper Hewitt, Smithsonian Design Museum, Sea Turtle: Davdeka/Shutterstock.Com
P27 Megwallacephotography/Dreamstime.Com P28 (상) Joshuadaniel/Shutterstock.Com (하) Frank60/Shutterstock.Com
P29 Burr: Zephyrus/Wikimedia.Org/CC By-Sa 3.0, Dog: Rodimov/Shutterstock.Com P31 Petrovich Nataliya/Shutterstock.Com
P32 Prof. Gordon T. Taylor/NSF Polar Programs/NOAA P33 (상) Simon Bratt/Shutterstock.Com (하) Courtesy Of NASA
P34 (상) Cathy Keifer/Shutterstock.Com (하) Danny Iacob/Shutterstock.Com P35 Monkeybusinessimages/Getty Images
P37 Fatcamera/Getty Images P38 Dave Clendenan P39 (상) Kpwangkanont/Shutterstock.Com (하) Mr.B-King/Shutterstock.Com
P40 All_About_People/Shutterstock.Com P41 Mahathir Mohd Yasin/Shutterstock.Com P42 Petr Simon/Shutterstock.Com
P43 Chakkrachai Nicharat/Shutterstock.Com P44 (상) Kim Ryall Woolcock (하) 3DStock/Shutterstock.Com
P45 Denticles: Pascal Deynat/Odontobase/Wikimedia.Org/CC By-Sa 3.0, Shark: Wildestanimal/Shutterstock.Com
P46 Kpwangkanont/Shutterstock.Com P47 Gecko: Mr.B-King/Shutterstock.Com, Satellite: Courtesy Of NASA
P48 Dinozzaver/Dreamstime.Com P49 Spider: Dave Clendenan, Violinist: Denisproduction.Com/Shutterstock.Com
P50 Grafissimo/Getty Images P51 Hxdbzxy/Shutterstock.Com P52 Dave Clendenan P54 Douglas Woolcock
P55 (상) S-F/Shutterstock.Com (하) John Dabiri P56 Iurii/Shutterstock.Com P57 Dhritipurna/Shutterstock.Com P59 Moonborne/Shutterstock.Com P60 S-F/Shutterstock.Com P61 Alison Hancock/Shutterstock.Com P62 (상) Riley Brandt/University Of Calgary (하) Karel Stipek/Shutterstock.Com P63 Paula French/Shutterstock.Com P64 Suzanne Joneson P65 Fish: Keiki/Shutterstock.Com, Wind Turbine: John Dabiri P67 Rixipix/Getty Images P68 Bjørn Christian Tørrissen/Wikimedia.Org/CC By-Sa 3.0
P69 Spwidoff/Shutterstock.Com P71 Monkey Business Images/Shutterstock.Com 표지 (앞) narikan/Shutterstock.com